不安の9割は消せる

不安、欲しがる、承認されたい……「禅」が教える「心の七癖」の取り扱い方

你所不安的事，有九成都可以消除

擺脫不安和擔心，從此心情放輕鬆

曹洞宗德雄山建功寺住持 枡野俊明 Shunmyo Masuno 著
王蘊潔 譯

你所不安的事，有九成都可以消除　目錄

第2章 【擔心癖】所有的擔心幾乎都可以消滅……67

序章

從「面對」開始

捨棄百分之一的欲望

據說人有一百零八種煩惱。至於為什麼是一百零八種，這個問題眾說紛紜，總之，**人生在世，充滿了許許多多的煩惱**。

佛教中有「三毒」，認為每個人的內心都有這三種「毒」。這三毒分別為**「貪・瞋・癡」**。**「貪」就是貪心**。貪心就是什麼都想要，被自己的欲望支配。即使得到了某一件自己想要的東西，還是無法感到滿足，欲望越來越強。不光是物欲，甚至想要得到別人的心，永遠都無法發自內心地感到滿足，貪心也會越來越強。

「瞋」代表憤怒的感情。只要一件小事就會怒不可遏，然後對別人大發雷霆。怒氣無法克制，會立刻怒形於色。越是對著別人發洩憤怒的感情，內心的憤怒就越強烈，還會同時傷害對方。經常有人說「心情浮躁時，或是感到生氣時，只要摔幾個碗，心情就會很舒暢」，也就是說，不要把怒氣發洩在別人身上，而是藉由發洩在物品上，消除內心的怒氣。或許有人聽了，會以為摔碗之後，就會覺得「啊，真舒暢」，但其實根本沒這回事。憤怒的感情發洩在物品上也無法消除，而且心理學已經證實，摔越多碗，怒氣會越來越高漲。如果摔碗就可以消除怒氣，代表原本就不是什麼大不了的憤怒。真正的憤怒，越發洩就會越累積。不妨把憤怒藏在心裡，讓心情慢慢放鬆，讓時間淡化這些憤怒的感情。這就是避免「瞋」這種「毒」侵蝕我們的方法。

第三種「毒」是**「癡」**，就是**「愚蠢」的意思**。不瞭解常識和道德，缺乏教養稱為「癡」。任何人都有「愚蠢」的部分，明知道有些事不能做，但還是忍不住去做；明知道有些事必須要做，但還是不想面對。雖然感到自責，雖然為自己的愚蠢嘆息，但往往會做出一些違背真心的事。也許人就是這樣。**人生在世，必須永遠帶著「三毒」，也無法逃避「三毒」，只能一輩子面對。**

「三毒」滲透在日常生活的每個角落，成為一百零八種煩惱折磨我們。我們要盡可能擺脫「三毒」，消除揮之不去的煩惱。我們僧侶就是為了這個目的每天修行，但是綜觀佛教的漫長歷史，發現很少有僧侶能夠擺脫所有這些煩惱。即使修行了五、六十年，也很難消除所有的煩惱。正因為如此，對僧侶來說，在迎接死亡的瞬間之前，都是修行。

並不是所有的煩惱和欲望都是負面的，如果消除了所有的欲望，我們甚至

無法生存。比方說，有一種欲望叫食欲。如果完全失去了食欲，我們甚至無法維持生命。人類具備了生存所必須的欲望，佛教並無意否定這些欲望。

但是，如果**食欲**不斷增殖，會有什麼結果？於是，就對「飯吃八分飽」無法感到滿足，貪婪地繼續大吃大喝。雖然一菜一湯就可以滿足身體需求，但心靈仍然無法得到滿足，想要大啖美食，想要大快朵頤，想要吃山珍海味。結果，身材就會走樣，對身體造成不必要的負擔。「維持生命的食欲」漸漸變成了「奪走生命的食欲」。這當然會成為煩惱。

另外，還有**想要出人頭地的欲望**，想要更有錢的欲望。有這種欲望很正常，也可以發展為進取心，如果缺乏這種欲望，人就無法進步。但這和食欲一樣，一旦過度，就會成為折磨自己的痛苦。如果對升遷太執著，就會看不到其他的事，或是為了自己能夠出人頭地，即使傷害他人也在所不措，或是不擇手段地想要成為有錢人。這種人的行為舉止中只有貪心，忘了溫柔體貼和善解人意。這種狀態絕對不可能幸福。原本希望自己有錢，是為了得到幸福，但漸漸地變成為了金錢放棄了幸福。這樣的人生將會悲慘而寂寞。

◎只捨棄一個

如果你現在成為欲望的俘虜，而且只要有一絲想要逃離這些欲望的想法，可以試著捨棄百分之一的欲望。只要百分之一就好，鼓起勇氣，大膽捨棄。

具體來說，有些女性很喜歡皮包，也有很多皮包，衣櫃裡有一百個皮包。

只要看到喜歡的皮包，就會衝動地買下來。好不容易買了皮包，但有些皮包連一次都沒用過。雖然已經有這麼多皮包了，但看到店裡有好看的皮包，還是忍不住想要擁有。貪婪的欲望探出頭，結果就刷卡買了很多超出自己能力範圍的皮包。只有買完皮包到回家的路上，內心才有滿足的感覺。回家之後，把皮包放進衣櫃，滿足感就立刻淡薄了。一旦被名為欲望的幽靈支配，就會做出這種行為。

如何才能擺脫這種狀態？如果有一百個皮包，不妨試著捨棄百分之一，也就是捨棄一個皮包。要放棄十個皮包太困難了，因為一下子減少百分之十，真的恐怕會比登天還難。但是，百分之一應該沒有問題。一百個皮包中，只要放棄一個就好。不需要放棄自己喜歡的皮包，在一百個皮包中，應該會有一個「這個送給別人也沒問題」的皮包。只要捨棄那一個就好。

一百個皮包中，捨棄一個，還有九十九個皮包。光看數字，會覺得並沒有太大的變化，但這一個非常重要。因為原本認定自己絕對不可能放手捨棄，原本以為皮包對自己的重要性僅次於生命，絕對不可能放手。但是，**一旦鼓起勇氣放手，就可以淡化之前的執著心**。以前認為絕對不可能放手的東西，但實際捨棄之後，發現自己完全可以做到。即使捨棄了一些東西，對自己的生活和生活方式沒有任何影響。相反地，捨棄一個皮包之後，會漸漸發現其他不需要的東西，於是就會發現自己真的很愛亂買東西，發現自己對皮包有多執著。之後，有一天會發現「我不需要再買皮包」了。那時候，**心靈就會得到解放，擺脫對物欲的執著，得到自由**。

如果連一個也捨不得放棄，那將一輩子無法擺脫對皮包的執著。當對某一樣東西執著時，就會看不到其他重要的事。一旦被物欲迷惑，就無法看到能夠真正讓心靈充實豐富的事物。並不是要求一下子放棄百分之十，首先從放手一點點開始做起。

如何看待百分之一這個數字？是認為區區百分之一，還是足以改變人生的百分之一？我認為**如何認識這百分之一，生活方式將會發生很大的改變。即使再微小，也要懂得珍惜，不因事小而忽略，注意生活中的小事，才會成為人生走向豐富的契機**。

我建議各位，**每天早起十分鐘，讓自己有時間靜靜地坐著喝杯茶**。如果每天都賴床到最後一刻起床，咬著麵包，匆匆忙忙地衝出家門，這樣的生活無法為心靈帶來餘裕。從家裡走去車站時，也要放慢腳步。無論一路小跑衝去車站，還是慢慢走去車站，相差的時間只有幾分鐘而已，但這短短幾分鐘的時間，對心靈的餘裕很重要。

為生活上緊發條

努力發現和注視自己生活周圍所有事物的百分之一。

一天有二十四小時，以分鐘來計算，是一千四百四十分鐘。一天時間的百分之十是一百四十分鐘，的確是相當長的時間。但如果是一天的百分之一，只有短短的十四分鐘。如果一天的睡眠時間以八小時計算，一天活動時間的百分之一差不多不到十分鐘。不妨試著每天早起不到十分鐘的時間。五分鐘也無妨。只要比平時早起五分鐘，花五分鐘的時間坐禪，讓心情平靜，思考今天一天該做的事，也可以回想昨天的自己。**這點零星的時間，將可以為一天的生活帶來幸福。**

人生在世，每個人都有很多欲望，這是理所當然的事，任何人都無法消除所有的欲望。而且有些欲望本來就不應該消除。但是，有些欲望明顯就是過度的欲望。這些過度的欲望會令人痛苦、心生苦惱，然後變成煩惱攻擊我們。盡可能在生活中擺脫這些過度的欲望，這是讓人生過得比較輕鬆的方法。

如何才能主動擺脫過度的欲望，讓自己獲得解放呢？禪修行中隱藏了其中一個答案。我們僧侶在修行時，每天凌晨四點起床。起床後先坐禪，然後開始唸經。從腹底發出聲音，大聲地唸經。唸經結束後，換上工作服，清掃寺院的殿堂、走廊和院子。如果是寒冬季節，清晨時天都還沒完全亮，要站在刺骨的寒風中打掃。打掃結束後，才終於開始吃一菜一湯的早餐。一年四季都是這種一成不變的生活。重要的事都在早晨做完，白天的時間，大家分頭做各自的工作。學習進度落後的人專心學習，如果有什麼東西壞了，就會有人負責修理。

僧侶完全沒有自由的時間，這就是修行。

每天的生活都有規律後，就不會產生過度的欲望。即使想玩，也根本沒時間玩；即使想要什麼東西，真的得到了，也無處可用。在去除不必要東西的簡單生活中，不會產生過度的欲望。雖然剛開始修行時會感到痛苦，但持續這種有規律的生活，心情會很舒暢，也能夠非常客觀地觀察周圍的事物。

於是，會清楚知道，自己真正需要的是什麼？自己不需要什麼？然後也可以發現，我們生活的周遭，有太多不必要的東西了。

為自己的生活上緊發條。雖然不需要像修行僧那麼嚴格，但要為自己制定力所能及範圍的規則。比方說，要嚴格遵守每天早上起床的時間。規定自己六點一定要起床。如果前一天晚上喝酒到很晚，隔天早上難免想多睡一會兒，會忍不住偷懶地想，今天晚起三十分鐘應該沒問題。必須克服這種想要偷懶的心情，努力在六點準時起床。如果感到睡眠不足，當天晚上可以早點就寢。總之，要盡可能遵守自己決定的時間。這種習慣最重要。

禪宗有所謂的「**清規**」，用普通的話來說，就是「**必須遵守的規定**」。古代所說的「清規」，是指中國唐朝時的禪僧百丈懷海所制定的「百丈清規」，也是禪宗修行的基本。

要制定自己的清規。不必制定太難的內容，太嚴格的規定也無法長久持續。可以是自己力所能及範圍的內容，為自己的生活上緊發條。因為不是別人強迫的規定，如果想要偷懶作弊，根本沒人阻攔。有時候也難免想要破壞規定，「今天放假一天」。因為不會挨任何人的罵，破壞規定易如反掌。但是，破壞自己制定的規定太沒出息了。無法自律的人，最終將會被不必要的欲望吞噬。正因為是自己建立的「清規」，更應該認真貫徹實踐。

◎規定自己「用現金購買」

嚴格遵守自己的「清規」後，必定會發現一件事。比方說，物欲。不妨在**物欲**的問題上制定自己的「清規」。走進店內，很想要那只手錶。雖然已經有好幾只手錶了，但還是很想要那個手錶。問題是那只手錶要五十萬圓。最後還是敵不過欲望，毫不猶豫地拿出信用卡衝動地購買，對店員說：「我要刷卡，請幫我分期。」雖然這個動作看起來很瀟灑，但其實是借錢的行為。雖然擁有了手錶，卻也借了五十萬圓。因為沒有能力用現金支付，所以只能分期付款。

這正是被過度的欲望打敗的瞬間。

「想要的東西都用現金購買，盡可能不借錢。」不妨為自己制定這樣的清規。

為了遵守這條「清規」，就必須先存五十萬圓。於是，為了買那只手錶，每個月存兩萬圓。從生活費中省下兩萬圓並不輕鬆，但為了購買夢寐以求的手錶，只能節省其他開支努力存錢。一年存二十四萬圓，花了兩年又一個月，終於存到了目標金額五十萬圓。結果呢？很多人覺得辛辛苦苦存到的錢買手錶太可惜了。如果是非要不可的東西也就罷了，但花五十萬圓買手錶太不值得了，希望能夠用在對自己更有幫助的事上。

沒錯。這時就會發現，買那只手錶是「過度的欲望」。同時，還會發現另一件不必要的事。那就是為了存錢而忍下來的花費。既然可以忍下來，就代表原本就不是必不可缺的東西。**為自己上緊發條，然後努力實踐，就會清楚瞭解到自己有多少不必要的東西，也會看清楚真正需要的東西。**

◎和別人一起努力

有些人雖然制定了自己的「清規」，卻無法持續遵守。雖然制定了不少清規，但每一條都是三天打魚，兩天晒網，最後無疾而終。於是就忍不住為自己的意志薄弱嘆氣。其實沒必要嘆氣，因為人的意志本來就很薄弱，只有極少數人具備了堅強的意志，能夠貫徹執行自己制定的規定。如果可以，誰都想輕鬆過日子，不想辛苦，也不想吃苦，有這種想法很正常。

如果覺得沒有自信能夠獨自遵守規定，不妨邀周圍其他人一起加入。比方說，決定每天早上一定要去慢跑。沒想到跑了三天，就覺得很麻煩，早晨不想起床。遇到這種狀況，不妨找一位朋友一起跑。約定每天早上六點在橋頭見面，除了下雨的日子，每天都要堅持。用這種和別人之間的約定來束縛自己。如此一來，即使覺得很麻煩，也不得不起床去跑步。因為對方在等自己。這麼一想，就有起床的動力了。**不要單獨努力，要和別人一起努力**。這將可以成為很大的動力。這和僧侶修行一樣，僧侶之所以能夠三百六十五天都維持有規律的生活，就是因為有其他一起修行的僧侶。如果只有一個人修行，應該會有僧侶早上偷懶不打掃。尤其在還是修業僧的雲水時代，一旦自己遲到，就會連累其他人，造成別人的困擾。也就是說，因為受到了周圍強大力量的約束，才能夠堅持。

不妨和經常一起喝酒的朋友也制定「清規」。下班後和同事一起去喝一杯很開心，也可以消除工作上的壓力，但不能永無止境地喝了一家又一家。所以，不妨和朋友之間制定「清規」。無論喝得再開心，即使有人遲到，也一定要在十點解散。有時候可能會有人喝得欲罷不能，提出「今晚再去喝一家」，但一定要堅持「既然決定到十點為止，今天就解散」。雖然不需要太一板一眼，但要相互約束。我認為這有助於建立長久的人際關係，如果彼此相處時沒有任何「規矩」，早晚會有人感到厭倦而離開。

有一句禪語叫**「切磋琢磨」**。目前這四個字在日文中通常被解釋為和競爭對手之間的關係，但其實並不是這個意思。「切磋琢磨」並不是相互競爭，扯對方後腿的意思，而是建立相互刺激、共同前進，雙方都獲得成長的關係。**彼此相互激勵，切磋琢磨，實踐有規律的生活。擁有這樣的朋友，藉此調整自己**

的生活和心靈，是人生中一件很重要的事。

與大自然的節奏共生

佛教認為**大自然和人類是「共生」的關係**，顧名思義，就是人類和大自然共同生存的意思。大自然的力量超越了人類的智慧。到了春天，百花盛開；夏日時節，綠樹成蔭；冬天之後，萬木枯敗。人類無法改變大自然的力量，只能**接受大自然的呼吸，和大自然共生**。這才是人類的幸福。

大自然有很多讓人類感到不可思議的事。聽說嬰兒自然分娩時，都是在漲潮的時候出生。更奇妙的是，人都會在退潮的時候離開人世。如果是意外身亡，當然另當別論，當身體漸漸被疾病侵蝕，醫生宣布：「可能差不多了。」代表這個人的壽命已到。大限之時正是退潮的時候。雖然無法用科學證明，但大自然的天理就嚴肅地擺在我們面前，我們絕對不能輕忽。

仔細思考，就會發現大自然制約了人類。黑夜遠離，天色漸漸亮起，當朝陽升起時，大自然告訴人類，差不多該起床了。太陽下山，天色越來越黑時，是在告訴人類，差不多該休息了。雖然沒有任何人規定，**但人類都一直傾聽著大自然的聲音，和大自然共存**。因為這是對人類最自然，也是最沒有壓力的生活。

然而，在現代社會中，科學的力量消除了大自然的制約。入夜之後，仍然萬家燈火，剝奪了人類的休息。夜晚的明亮和白天的明亮不同，夜晚的明亮中隱藏著心靈的黑暗。即使和白天一樣明亮，不同於白天的欲望會探出頭，原本根本不必要的欲望，突然感覺好像特別重要。人類擺脫了大自然制約之後，就會產生不必要的煩惱。

醫學的發達也對我們產生了很大的影響。如今可以準確設定嬰兒出生的時間，即使「壽命」已到，也可以靠醫療儀器的力量繼續活下去。原本可以在退潮的時候離開，如今也無法如願了。雖然目前對維生治療有正反不同的意見，但我個人認為，以佛教的觀點來看，這是違反大自然的力量。

每個人都一天比一天老去。今天的自己比昨天老了一天，這是理所當然的事。身體功能也會逐漸衰退，內心慢慢做好走向死亡的準備。海浪不斷打來，漸漸侵蝕海岸的沙子。海浪永遠不會停止，就像人持續老去。

人類無法違反大自然的力量，就好像無法讓時針倒著走。然而，經常有人忽略這個事實，怨嘆自己越來越老，希望自己永遠年輕，身體永遠健康。雖然這是每個人都有的欲望，但如果太執著於這種欲望，就會產生各種煩惱。因為任何人都不可能永遠年輕。

想要維持和昨天完全相同的狀態，希望明天也維持和今天相同的狀態。由此可見，煩惱是來自「想要停在此刻」、「想要改變成不同的狀態」的欲望。**比起回顧昨天，比起擔心明天，更應該正視今天，接受此刻身在此處的自己，面對自己真實的樣子**。和一年前的自己相比毫無意義，也無法想像自己一年後的樣子。**過去、現在、未來**稱為**「三世」**，**在禪的世界，只有「現在」**。不要被「過去」和「未來」束縛，不要被無法重來的過去，以及還沒有到來的未來束縛，要努力活在當下。禪學告訴我們，這就是和大自然共生。

◎用全身感受風

當今的社會是一個充滿壓力的社會，每天都必須持續奔跑追逐。即使沒有具體擔心的事，仍然被隱約的不安纏身。即使想要解決，即使想要面對，卻沒有具體的對象，只是有一股巨大的力量侵蝕自己的身心。我相信有很多人都有這種感覺。

這些人的目光都看向哪裡？不知道各位的雙眼每天都看到什麼？每天早上都拖著疲憊的身體，從家裡走去車站。一路低著頭，只看到自己的鞋尖。數著輪流出現在眼前的雙腳，好不容易終於走到了車站。搭上電車後，不是睡覺就是看手機，甚至沒有發現燦爛的朝陽從車窗照進車內。走去公司的路上，也沒有發現路邊有小花綻放。終於回過神時，發現辦公桌上堆滿了資料。「**今天的天空飄著什麼樣的雲？**」「**路邊開了什麼樣的花？**」「**有沒有感受到季節稍微向前移動了？**」到底有多少人能夠回答這些問題？

不妨注意觀察大自然的變化。**眺望天空的顏色，用全身感受吹來的風**。從家裡走去車站都是同一條路，但是，大自然的景象每一天都不一樣。昨天含苞的花蕾在今天綻放，樹葉的稍微變黃了。就連路邊的小石頭，也不會停留在和昨天相同的位置。不要錯過大自然的微小變化。

觀察天空的模樣，用全身感受空氣的溫暖和冰冷。那是天氣預報無法傳達的大自然力量。不要只注意降雨機率，用自己具備的五感面對大自然。快下雨的時候，空氣中會有淡淡的雨水味道。氣溫降低時，皮膚可以充分感受。千萬不要忘記，感受大自然的呼吸是人類最重要的事。

每天走出家門，用力深呼吸。當路旁有小花綻放時，好好欣賞一下，哪怕只是短暫的剎那。用自己的皮膚感受季節的變化。以時間來說，花不了幾分鐘，不到一天的百分之一。但是，這些短暫的片刻可以為心靈帶來餘裕。用身心感受大自然，就可以消除一半的壓力。

或許可以反過來說，越是忽略大自然變化的人，內心就會有根深蒂固的壓力。這些根深蒂固的壓力將會變成刀子撲過來。在變成這種狀況之前，不要再面對這些壓力，不要和看不到的對象奮戰，而是逃進大自然。**大自然是人類的心靈避風港，不妨短暫地逃進大自然，心情就會變輕鬆，心靈也會得到療癒**。這也是和大自然共生。

◎每個人的內心都有七癖

每個人都有煩惱，所有的痛苦都來自煩惱，然而，人類永遠無法擺脫煩惱，也無法消除所有的煩惱。但是，改變心態，可以消除百分之一的煩惱。可以稍微解放自己的心，讓自己的心喘口氣。如果可以做到這一點，就可以活得比較輕鬆。

俗話說：「人無完人，必有七癖。」這句話的意思是，無論任何人，都有各自的癖性和習慣，這個世界上沒有任何人完全沒有任何癖性或習慣。本書根據這句俗話，篩選出**七大煩惱**，分別是「**不安癖**」、「**擔心癖**」、「**貪求癖**」、「**嫉妒癖**」、「**浮躁癖**」、「**虛榮癖**」和「**想要獲得認同癖**」這七大煩惱。每個人都有這七癖，這七大煩惱盤踞在每個人心裡，只是程度不同而已。如果置之不理，這些煩惱就會不斷增殖。所以**我思考了盡可能減少這七癖的方法**。

即使想要消除煩惱，只要活在世上，就會有一百零八種煩惱。即使因為偶然的因素稍微消除了某種煩惱，但很快又會出現新的煩惱，所以只能接受這種狀況。

向大家介紹一則軼事。很久很久以前，有一位受到眾人景仰的高僧。經過多年修行，造就了他出色的人格。很多弟子拜高僧為師，這些弟子都覺得高僧已經完全擺脫了煩惱。

高僧漸漸上了年紀，終於即將離開這個世界。當高僧命在旦夕時，許多弟子都聚集在高僧的床前。「師父臨終時，不知道會為我們留下什麼話。」「我們必須牢記師父臨終遺言，日後努力修行。」所有弟子都期待師父的遺言，所有人都相信，師父的遺言必定是留傳後世的金玉良言。

當高僧即將離開人世時，他開口說：

「我不想死。」

就連修行多年的僧侶也無法擺脫想要活更久的煩惱。人就是如此。

第1章

【不安癖】

內心的不安有九成會消失

不安
會像雪球一樣越滾越大

佛教認為，**不安沒有實體，不安感是自己的內心製造出來的**。

有一則很有名的軼事。有一次，達摩大師的弟子慧可向大師傾訴煩惱。慧可之後繼承了達摩大師的衣缽，成為禪宗的二祖。慧可對師父說：「師父，我感到極度不安，晚上也睡不著，怎樣才能擺脫這種不安？」達摩大師微笑著對他說：「那我來消除你的不安。」弟子慧可欣喜不已，等待師父接下來說的話。

師父對他說：「**把你的不安都拿出來，放在這裡，我就可以逐一為你消除。**」

慧可聽了，立刻恍然大悟。原來不安並沒有實體，是自己的內心製造出來

的。這個故事很有名，每次談論不安時，必定會提到這個故事。照理說，只要聽達摩大師的這句話，就可以消除不安。不安沒有實體，根本無法面對。既然不安是自己內心製造出來的，只要不要繼續製造，就不會有不安了。問題是事情沒這麼簡單，雖然明知道不安沒有實體，即使知道不該製造不安，但每天仍然被不安攻擊。雖然想要擺脫這些不安，想要不予理會，新的不安還是會接連出現。人生就是如此。

即使沒有巨大的不安，每個人都有小小的不安。有些不安轉眼就消失了，也有些不安很微小，一下子就忘記了；有些不安不時探出頭，也有些不安像尖刺一樣扎在心上。我們無法消除所有的不安。只要活在世上，我們必須和不安相處。因此，最重要的是，**要避免不安越來越大，最後導致連自己心靈也無法承受**。

精神科醫生說，人不會因為某一個原因走上絕路。即使被公司裁員，也沒有人只因為這個原因自殺。在被宣告得了重病的瞬間，也不會有人選擇一死了之。當面對遭到裁員這個現實後，開始產生無盡的不安。從客觀的角度思考，如果被公司裁員，只要另找其他工作就好。或許薪水會減少一些，或是會從事和之前不同領域的工作，但只要認真找，一定可以找到新的工作。只要拋開不必要的自尊心，放下對之前工作的執著，被裁員並不是什麼大問題。

但是，大部分人遭到裁員後，就會陷入一種錯覺，好像整個人格都遭到了否定，覺得「我根本沒活下去的價值」。然後對下一份工作也百般挑剔，「這不是我該做的工作」、「薪水太低，傷害我的自尊心」，執著於自己的過去和工作。在這樣把自己逼入絕境之後，就會越來越感到不安。不安就像雪球一樣會越滾越大，心情也會越來越向壞的方向發展，最後，心靈終於無法承受如此巨大的不安。

這種情況下，只有遭到裁員的事實具有實體，即使被公司開除，也不是什麼會危及生命的事。更何況遭到裁員並不等於人格遭到否定，只是因為經濟環境不好，公司的業績不佳造成的。工作只是人生的一部分，並不是人生的全部。**遭到裁員這件事的實體，就像是一顆小石頭。這顆小石頭亂滾，才會變成像顆大雪球**。

如果一直找不到工作怎麼辦？萬一接下來一年、兩年都找不到工作，到底該怎麼辦？有時候忍不住會為這件事感到不安。每個人都會忍不住感到氣餒，但這只是不必要的煩惱，如果有時間為這種事沮喪，**就應該趕快採取行動**。

仔細觀察那些容易不安的人，發現大部分人都沒有任何行動。嘴上說找不到工作，卻整天在家裡，或是看電腦、翻雜誌找工作，也有人期待別人可能會幫忙，只是坐在那裡等待。整天坐在家裡沒有行動，身上的雪就會越積越多。如果自己沒有任何行動，周圍不可能動起來；如果自己沒有任何行動，周圍的狀況也不可能改變。

要自己先採取行動，做自己力所能及的事。走出家門做點事，即使再小的事也無妨。**只要踏出一步，狀況就會發生巨大的改變，就會將焦點集中在當下這一刻，開始著手力所能及的事。人在有所行動時無法煩惱**。因為在向前奔跑時，無法胡思亂想，更無法陷入煩惱。因為停下腳步，才會產生不必要的不安。持續奔跑的人不可能被雪淹沒，不要去滾動不安的雪球，最重要的是自己動起來。

◎活在當下這個瞬間

在面對隱約的不安時，我們無法逃避。因為不安沒有實體，所以也就不知道該怎麼逃。我們對超過自己能力範圍的事很無力。既然這樣，不妨學會和不安相處。

有一句禪語叫**「任運自在」**。這四個字的意思是，世上發生的一切，都是自然運作。比方說，春天一到，草木發芽，盛開鮮花迎接夏天，於是有很多鳥和蟲子聚集，一切都是大自然的變遷，也就是順應著巨大的潮流。人類也一樣，在人生過程中應該順應大自然的潮流，**接受現狀**。

面對無可奈何的事，不要試圖抗拒大自然的潮流，而是學習完全服從。我認為不安也一樣。如果是能夠靠自己的努力消除的不安，當然應該努力消除。但如果是自己無力改變的事，**不如乾脆接受不安**。不必抗拒，而是溫柔地接受，告訴自己，自己會感到不安也是無可奈何的事。在接受之後，不要放在心裡，而是放到一旁。

「萬一被裁員怎麼辦？」「如果老了之後沒錢過日子怎麼辦？」「如果我得了重病怎麼辦？」有時候會杞人憂天地感到不安。雖然沒有任何根據，卻還是忍不住往壞的方向思考，擔心發生萬一的狀況怎麼辦。其實每個人內心都或多或少有負面思考，首先接受每個人都會有負面思考這個事實。告訴自己，並不是只有自己會往壞的方面想，每個人都會有負面思考。只要接受這個事實，心情就會輕鬆不少。

接受這個事實之後，再冷靜思考。當腦海中閃過「萬一被裁員怎麼辦？」的不安時，只要面對這種不安就好。「是啊，這的確會讓人很不安。」坦誠地接受內心的不安。不必勉強消除，不妨接受自己的內心有這樣的不安。在接受的基礎上，再思考下一步該做什麼，思考：「既然這樣，如果我真的遭到裁員，我該怎麼辦呢？」接下來要找什麼工作？家裡的房貸該怎麼辦？讓內心的不安具體化，在思考的過程中，就會發現「為什麼自己會為這種還沒有發生的事感到沮喪呢？」於是就會知道自己在杞人憂天。然後再告訴自己：「沒關係，等到真的發生之後再來思考。」

「等到發生之後再來思考」。**這是對不安的一種答案**。不必杞人憂天，等到不安變成現實之後再來思考，如果沒有發生，當然就皆大歡喜。即使發生了，也可以等到實際發生之後，再思考解決的方法。最重要的是，**不必為未來的不**

安擔憂，而是努力活在當下這個瞬間。

「總會有辦法解決」。我認為「任運自在」這句禪語包含了這樣的意思。**即使冬天草木枯敗，春天還是會再度到來**。即使颱風吹落了所有的樹葉，樹木必定會再度復活。大自然瞭解這一點，知道無論發生任何事，都有辦法解決。正因為知道這樣的道理，才不會慌亂著急，而是珍惜當下這個瞬間，讓鮮花綻放。

我們內心的不安也一樣。當不安成真時，總會有辦法解決。這絕對不是想要藉由他人的力量解決自己的問題，自己必須靠努力累積解決問題的能力。**必須記住一件事，在「總會有辦法解決」這句話中，隱藏了目前必須盡最大努力的意思。**

不安就像雪球，不要再繼續把它滾大，不妨淋一點熱水。於是，雪球就會開始融化，最後只剩下水而已，連小石頭也不見了。不安就是這麼一回事。

對偏離「正常」感到不安

人生的道路就像是沿途都有指標的路。比方說，在現代社會中，從高中或大學畢業後，就會進某家公司任職。然後在三十歲左右結婚，建立自己的家庭。為了養育孩子努力工作，當孩子能夠獨當一面，踏上社會之後，夫妻兩人再共度餘生。不久之後，其中一方先離開人世，留下另一個人靜靜地過日子，走向人生的終點。總覺得人的一生就像是鋪好的軌道，好像這才是「正常」的人生。

一旦偏離了「正常」的軌道，就會感到不安。自己已經四十歲了，卻還沒有結婚。雖然很早就結了婚，卻還沒有生孩子。或是好不容易從大學畢了業，卻還沒有找到工作。自己偏離了人生的軌道，為自己和別人不同感到不安，覺得不「正常」的自己很沒出息。這種想法好像海浪般不斷打向自己。

在日常生活中，經常可以聽到「正常」或是「平均」之類的字眼，好像那才是正解，不「正常」似乎就是錯了。我想請教一下，**「正常」到底是什麼？**不在「平均」中就不對嗎？無論「正常」和「平均」都沒有實體，照理說，根本無法把自己和「正常」比較。人是喜歡比較的動物，和鄰居比較，和相同處境的人比較。雖然這種比較的行為沒有意義，但從某種意義上來說，也是無可奈何的事。姑且不論和鄰居比較這件事，但**和根本沒有實體的「正常」和「平均」比較，等於是自掘墳墓**。

在育兒的世界，經常聽到以下的情況。嬰兒在出生後，大約十個月左右會抓著東西站起來。一歲之後，開始搖搖晃晃學走路。這是成長過程的平均值，但有些家長太在意這些「平均值」，結果變得很神經質。

「我家的孩子已經十一個月了，還沒學會站立，是不是身體機能有問題？」據說有不少家長因為這種擔心，帶小孩子去醫院就診。如果兩歲之後，小孩子還沒有學會站，的確令人不安，但根本沒必要因為比平均值稍微落後一點就感到不安。

當孩子讀小學一年級後，就會面對各種數據。平均身高是幾公分，平均體重是幾公斤。ＩＱ的平均值又是多少，五十公尺的平均速度是多少。所有的一切都數值化，好像變成了唯一的標準，但其實沒有任何一個孩子符合所有的平均值。

社會上到處都是這種沒有實體的平均值。平均結婚年齡。生孩子的平均年齡。生孩子的平均人數為一點五人。平均年收入是幾百萬。可見人類真的很愛平均值。看到這些數字，都會忍不住和自己比較。如果自己的年收入高於平均值，就會感到竊喜；如果低於平均值，就會感到自卑。不僅如此，還會為自己「不正常」感到不安，這些難道不是不必要的不安嗎？如果只是視為一個指標，用冷靜的態度看待當然沒問題，一旦被這些數字束縛，就無法活出自己的人生。人生的目標不是追求「正常」或「平均」，而是活出自己的人生，這才是重要的目標。

不要被到處氾濫的「正常」所迷惑。如果有人決定不結婚，一個人生活，對他來說，這就是「正常」。雖然薪水低於平均收入，但只要自己決定從事這個工作，那就是他的「生計」。最重要的是，要用心做出決定，相信自己，選擇自己的人生。

每個人都是不同於他人的存在。世界上有多少人，就有多少不同的選擇，也就有多少不同的生活方式。無論是怎樣的選擇，無論走怎樣的人生路，只要是每個人充分思考後做出的決定，都是正確的決定。

自己決定走這樣的人生路，無論別人說什麼，自己選擇走這條路，就要堅定走在自己的人生路上。但是，中途必定會感到後悔，後悔不斷湧上心頭，覺得也許其他選擇更理想，早知道當初應該走另一條路。這種情況很正常，任何人的人生都不可能完全沒有後悔，無論具有多麼強的信念，無論多麼相信自己，最後做出了決定，都一定會感到後悔。人就是這樣。

即使是自己做出的選擇，還是會後悔。每個人內心都帶著或多或少的後悔，即使看起來自信滿滿的人，內心深處也有許多像小刺般的後悔。當內心有越多這樣的後悔，就越能一步一步成長。

對於自己選擇的道路感到後悔沒有大礙，但如果因為「平均」和「正常」感到後悔，就會變成黑暗而沉重的後悔留在心底。和沒有實體的東西比較，就像是走在沒有實體的路上。如果你現在因為和「正常」比較而感到不安，請你再次仔細思考一下，你所認為的「正常」到底是什麼？什麼才是正常？「平均」的人是怎樣的人？「正常」人在哪裡？你認為「正常」的人到底幸不幸福？

◎「知識」會造成不安

目前是偏重知識的時代。在這個資訊氾濫的時代，必須帶著知識接收這些資訊。我認為這絕對不是壞事，但如果過度偏重知識，就會失去智慧。

前一陣子，我和一個二十多歲的年輕人聊天。他有一個交往多年的女朋友，當然也已經談婚論嫁。雖然他已經決定要結婚，卻遲遲踏不出那一步。我向他瞭解原因，他說對經濟感到不安。他的薪水很低，每個月才二十萬出頭。夫妻兩人一起工作，月收入有四十萬，但如果孩子出生後，太太就必須辭職在家照顧孩子，光靠他的薪水無法養活一家人。

那個年輕人繼續說了下去。薪水二十萬圓，租公寓的房租就要十萬圓，再怎麼節省，餐費也要五萬圓，再加上其他水電瓦斯和雜支，根本沒辦法生活。從現實的角度來看，他說的話完全正確，但我還是認為他只是根據知識思考問題。這個要花多少錢，那個要花多少錢，所以薪水不夠用。其實可以發揮智慧思考一下。雖然那個年輕人認定房租要十萬圓，但根本沒必要住十萬圓的房子，可以去找房租只要五萬的房子。每天自己下廚，就可以節省伙食費，在孩子出生之前，先努力存一筆錢。不要只看那些數據的知識，而是要發揮生活的智慧。最重要的並不是住在十萬圓的公寓，而是兩個人一起生活。

媒體也經常用數字的方式報導退休之後需要多少錢才能安度晚年。因為退休之後還要活二十多年，每年的生活費是多少，再加上偶爾去旅行的費用，所以必須要有數千萬圓的存款才能應付退休後的開支。那些專家幾乎像在恐嚇般如此主張，他們高舉數字，試圖用知識規劃人生。雖然這並不是白費工夫，但如果太在意這些專家說的話，就會徒增不安。

我們當然必須為老後的生活做一定程度的準備，但即使無法做好完善的準備，也不需要為此感到不安。如果存款不多，可以創造用不多的存款生活的智慧。人類具備了這樣的智慧，所以必須努力發現這些智慧。

我們往往容易用知識談未來。現在這樣這樣，五年後應該會那樣那樣，十年之後，應該可以存到多少錢，股票價格應該會漲多少。但是，根據知識預計的將來並不會出現，如果知識真的能夠創造光明的未來，世界上就不會出現那麼多悲慘的事。現實無法和想像一樣，正因為人類知道這一點，才會努力磨練智慧。

掌握知識當然很重要，但不能太偏重知識，必須瞭解到，知識也會造成不必要的不安這個事實。**你目前所感受到的不安，有很大一部分來自於你的知識**。只是受到一些原本不必在意的數字影響。不妨重新正視你所感受到的不安，同時，努力掌握能夠讓你的人生更豐富的智慧。**心靈的智慧可以解決知識無法解決的不安**。

內心九成的不安都可以消除

每個人都會對未來感到隱約的不安，那種不安的感覺就像雲一樣難以捉摸。無論任何年紀的人，都會感受到這種不安，無論是二十幾歲的人，或是四十幾歲的人，還是超過六十歲的人，內心都有這種不安。或許每個人感到不安的原因有所不同，但不安的本質並不會隨著年齡發生變化。

只不過年輕時對不安的耐性比較強。即使同樣抱有隱約的不安，年輕時具備了反擊的能力。這種**反擊不安的能力**到底是什麼？當然和體力和精力有關，但我認為**最大的力量，就是眼前有許多該做的事**。

不知道以後會怎麼樣？不知道是否能夠走向幸福的人生？年輕時，會不時產生這種不安。但是，每天的生活很忙碌，沒時間整天理會這些不安。即使不安掠過心頭，隔天還要去公司上班，還有一大堆工作等待處理，不安也會漸漸被忙碌的生活淹沒。雖然不安並沒有消失，只是沒太多思考這些不安的時間。即使晚上突然感到不安，隔天早晨還要為小孩子做便當。與其浪費時間思考不安，還不如花時間想一想便當要做什麼菜。於是，不安就會漸漸淹沒在日常生活中。**眼前有自己該做的事**。這是年輕時的特權。我認為這是一件**幸福的事**。

但是，隨著年紀增加，該做的事越來越少。當兒女獨立之後，家裡只剩下夫妻兩人。一旦到了退休年齡，連工作也沒有了。以前在公司上班期間，每天都忙著處理工作，很希望早日擺脫這些工作。

然而，一旦徹底擺脫工作之後，就會發現自己沒有任何該做的事，內心的失落感越來越強烈，隱約的不安會一下子爆發。這並不是新產生的不安，而是原本就盤踞在心裡的不安在空餘時間爆發而已。**「無事可做」**。**這是身為人類最痛苦的事**。無論再辛苦、再困難的工作，有工作可做都很幸福。在面對困難的過程中，可以充分感受活著的感覺。一旦無事可做，甚至感受不到自己活著。一旦有很多「空閒」的時間，就會胡思亂想，原本那些隱約的不安也會深深折磨人心。

◎消除餘生的不安

經常聽到「餘生」這兩個字。所謂餘生，就是不再工作，也不參加社會活動，只是在那裡等死的時間。「餘生」這兩個字帶有「多餘的人生」的意思。人的一生中，並沒有可以稱為「餘生」的時間。**因為根本沒有多餘的人生**。即使從公司退休，人生並沒有退休。如果人生有退休，那就是「壽命」已盡的時候，也就是迎接死亡的那一刻。只要生命尚在，我們就必須努力生活。如果用「餘生」這兩個字作為擋箭牌，渾渾噩噩過日子，不僅自己無法幸福，周圍的人也無法幸福。

首先必須尋找自己該做的事是什麼？之前在公司上班時，公司分配的事是「該做的事」，除此以外，還有為了保護家人必須做的事，所以已經習慣由別人為自己安排「該做的事」。但是，退休之後，要靠自己努力尋找「該做的事」。因此，首先必須為之前的思考改變方向。

以前的工作有明確的目的。首先，必須藉由工作賺取生活費，所以會努力工作，希望可以加薪。是為了家人努力，或是為了能夠在公司獲得肯定而努力，因此具有明確的意識。六十歲後，必須稍微改變目的。不再只是為了自己，也不再只是為了家人，而是同時為社會盡一份心力。這並不是要求拋開一切，為社會奉獻，而是把自己能力的一小部分貢獻給社會。工作時，不要求一百的等價回報，即使只有七十也無妨，剩下的三十不妨認為是對社會的貢獻。

有些人在退休後積極參加公益活動。這種想法很了不起，但我還是認為既然有付出，**最好能夠有回報**。如果一直做義工，往往無法長久持續。而且，完全沒有金錢介入時，乍看之下似乎很美好，但其實無法對社會有充分的責任感。即使金額再少也沒關係，**只要能夠獲得回報，就會更積極投入**。

「為什麼要工作？」年輕時被問到這個問題，通常會回答：「因為希望自己的生活過得更好。」這很理所當然，雖然乍聽之下，會覺得這種回答很自私，但年輕時有這樣的想法很正常，但如果六十歲之後被問到相同的問題，就必須有不同的答案。「雖然是為了改善自己的生活，但有一半想要回饋社會。」這種想法會讓人生更充實。即使無法捨棄所有的自利，**也可以稍微增加他利的部分**。當改變想法時，一定會發現新的「該做的事」。**當看到眼前有「該做的事」時，隱約的不安就會躲去心靈的角落**。

◎微小的夢想可以消除不安

是否擁有夢想和目標？這是年輕時和上了年紀之後另一件不同的事。年輕時總是有很多目標和夢想，雖然對未來感到不安，但有多少不安，就有同樣多的夢想。有時候會聽到年輕人說：「我沒有目標和夢想。」他們認為是社會讓他們無法擁有夢想，是因為自己的境遇，讓他們無法有目標。這種想法並不正確。年紀輕輕卻沒有目標和夢想，是因為他們以為那是別人給他們的。夢想和目標並不是別人給的，即使守株待兔地默默等待，也不會出現。必須自己採取行動，去尋找目標和夢想。不願意尋找夢想的人，就會整天感到不安。明明有夢想這個可以消除不安的武器，他們卻不願擁有這種武器。沒有夢想並不是社會的責任，找不到目標也不是才華和境遇的關係，而是自己內心的問題。

上了年紀之後，就會失去目標和夢想了嗎？絕對沒有這回事。和年輕時相比，的確少了很多可能性，人生中剩下的時間也越來越少。雖然夢想的性質可能改變，但**夢想絕對不會消失**。**再微小的夢想也沒關係，首先從自己力所能及的事著想，找尋自己的目標**。夢想不分大小，而且也不需要和別人比較，每個人只要忠於自己的夢想。即使擁有可能無法實現的夢想也無妨，即使家人說：「竟然有這麼不切實際的夢想」，也不必在意。即使無法實現，也要朝向夢想奔跑。在奔跑的過程中，可以感受到很多人生的幸福。

而且，**可以和朋友分享自己的夢想**，和擁有相同夢想和目標的人一起談論夢想。「我想為社會做出這些貢獻。」「我希望以往的經驗可以發揮這樣的作用。」「我希望把這些傳授給年輕人。」要有可以談論這些話的朋友，彼此談論各自的夢想，久而久之，夢想就會變成具體的目標。「夢想」要說出來才有真實感，而且可以更明確瞭解自己「該做的事」。如此一來，就不會覺得退休之後的人生是「餘生」了。

人生在世，必須持續追求夢想。失去追尋的夢想，無疑是最痛苦的事。即使只是微小的夢想，在追尋夢想時，不必要的不安就不會探出頭。朝向夢想奔跑的人，不會注意到那些一晃而過的不安種子。並不是忽略，而是根本不會看到。浮現在你內心的不安，有九成可以藉由目前專心做某件事來消除。

只要尋找到一絲夢想，就要大聲說出口。「我目前有這樣的夢想。」在說出口的瞬間，夢想就進入了靈魂。進入靈魂的夢想和目標將會逐漸成形，當這個微小夢想的靈魂開始閃閃發光時，就將成為第二人生的起點。

第2章

【擔心癖】

所有的擔心幾乎都可以消滅

愛操心
並不是壞事

乍看之下，會以為**擔心**和**不安**是同一件事，從某種意義上來說，兩者也的確有交集的部分，但本書將這兩者視為不同的問題。

不安的感覺往往沒有實體，而且不光是現在，未來也會持續感到不安。相較之下，**擔心則近在眼前**，而且擔心很具體，是關於現在、不久的將來，明天或是後天的事。只要仔細觀察這些不安，就會發現這些不安就像是心頭的小刺。

比方說，有一句話叫做「愛操心」，連小事都忍不住擔心，連根本不需要擔心的事都會整天掛念。說起來，這就是一種癖性，所以日文中的「愛操心」

是「心配性」，而不是「心配症」。「不安症」是更嚴重的問題，有可能會變成疾病。所以，我認為擔心和不安之間還是有一些差異。

有些人認為自己很愛操心，就連小事也很在意，忍不住會擔心，每天都掛念一些芝麻小事。應該有人希望可以改變這種情況。首先必須知道一件事，**愛操心不完全是負面的事**。比方說，我和別人相約見面時，一定會提前十分鐘抵達約定的地點。當我要求自己在十分鐘前抵達時，幾乎每次都會提前十五分鐘到達。為什麼會這樣？因為我擔心萬一電車會誤點，或是會發生意外的狀況。只要提早出門，即使電車稍微誤點，也不會遲到太久。因為我擔心發生萬一狀況時會遲到，所以才提早出門。我認為這種情況不算是擔心，而是謹慎行事。**如果擔心某件事，那就謹慎行事，消除這種擔心**。如果沒有任何行動，只是煩惱「萬一發生這種情況怎麼辦？」、「萬一失敗怎麼辦？」根本無法解決任何問題。「擔心」就是「掛念、不放心」，越是掛念，越是不放心，就會越擔心。這是造成擔心的原因。

不要只是掛念、不放心，首先要採取行動。假設明天有重要的工作，難免會想「不知道明天會不會順利？」「萬一失敗了怎麼辦？」在工作時，經常會有這樣的擔心，有時候甚至因為太擔心明天的工作而無法入眠。在這種精神狀態下，原本可以順利完成的工作也會變得不順利。一味擔心無法解決問題，既然有時間擔心，不妨盡最大的努力做準備。為了明天的工作能夠順利進行，要盡最大的努力，做好目前所能想到的萬全準備。準備工作必須做到這種程度。**一旦做好萬全的準備，原本的擔心也就消失了**，能夠定下心，「已經做到這種程度了，接下來只求老天賜好運了。」即使最後不順利，也一定可以感受到完成工作的滿足感。換句話說，之所以會擔心，就是知道自己還沒有盡最大的努力。

日文中有一句話叫做「**石橋也要敲一敲再過橋**」，這句話就是在形容那些愛操心的人，但我認為**這句話並不是負面的意思**。這座石橋安全嗎？正因為有這樣的擔心，所以才會敲一敲石橋，確認安全之後再過橋。當自己親自確認後，知道石橋沒問題，就可以放心過橋。**這是保護自己安全的謹慎態度**。

整天只會擔心的人不去確認石橋到底是否安全，只是擔心「萬一橋坍了怎麼辦？」然後不敢過橋。在擔心之前，親自確認很重要。有人完全不確認就過橋，雖然那座橋一看就知道很危險，仍然自信滿滿地認為沒問題，最後橋坍了，人也跟著一起掉了下去。這不是有勇氣，或是有自信，只是缺乏謹慎，也缺乏判斷力。

世界上有各式各樣的風險。出門時，有可能會被傳染感冒的風險，也可能有電車誤點的風險。我們無法避開所有的危險，但也不能因為有很多風險，就整天擔心不已。為了避免感冒，可以戴口罩出門；為了萬一電車誤點，也能準時上班，可以提早出門。在日常生活中，要為避免風險做好充分的準備。然而，即使做好了充分的準備，仍然可能防不勝防。即使戴了口罩出門，回家後也都漱口，仍然可能會感冒。遇到這種情況，就只能接受。因為我們無法做到完美無缺的準備。**只要盡力做好力所能及的事，之後的結果就不必太計較。這種心態也很重要**。

如果你目前有擔心的事，不妨寫下來。然後，針對每一件擔心的事，思考是否有自己可以做到的事。一旦發現自己該做的事，就立刻付諸行動。不要一味擔心，要採取行動。在行動的過程中，就會把擔心拋在腦後。

◎因愛而產生的擔心，可以傳遞給對方

有些擔心可以藉由採取行動而淡化，但有些擔心，自己根本無法採取任何行動。最大的擔心，就是對家人的擔心。不知道住在老家的父母過得好不好？不知道他們的身體怎麼樣？不知道他們有沒有什麼困難？雖然很擔心，但沒辦法經常回去探望，最多只能打電話聽聽他們的聲音。父母也會擔心一個人生活的孩子，不知道孩子三餐是否正常？有沒有感冒？身上的錢夠不夠用？然而，即使再擔心，也無法為對方做什麼。明知道擔心也是徒勞無益，但還是忍不住擔心。這就是父母心，也是兒女對父母的關心。

每個人對親人都會有這樣的擔心，不需要迴避這種擔心。因為這是基於愛才產生的擔心。**因為愛，才會擔心對方，這是身為一個人很正常的感情，而且**

我認為這種心意很美好。即使擔心也無能為力，但仍然可以在遙遠的天空下默默守護對方，這種心意一定能夠傳達給父母或是孩子。

家人為自己擔心。正因為充分瞭解這件事，所以才會努力過日子。父母努力照顧好自己的身體，不要讓兒女為自己擔心。即使不在身邊，家人也關心自己。因為有這種安心，人才能夠堅強地活在世上。

父母關心兒女，兒女關心父母。無論到了幾歲，這樣的關係都不會發生改變。正因為有深厚的愛，這種心意也會持續到永遠。我記得曾經在某篇報導中，看過以下的故事。

A由母親一個人養育長大，母親辛勤工作，努力養活這個獨生子。他們家很窮，但A先生努力不懈，終於考上了大學。上大學後，他拚命打工，省吃儉用，勤奮好學。他的努力終於有了回報，他自己創立的公司獲得了成功。

A功成名就後，難得回老家探視了母親。他坐著司機開的高級車子，帶了很多昂貴的禮品去見母親。母親看著意氣軒昂的兒子，發自內心地感到高興。因為當年一個人把兒子養育長大，讓兒子吃了不少苦。雖然很愛兒子，卻沒有能力為他做什麼。母親內心似乎一直對兒子帶著這樣的歉意。

A在家裡和母親享受了溫馨的時光後，收拾東西準備離開。這時，母親走到他身旁，把什麼東西塞進他手裡。A打開一看，發現是一張皺巴巴的千圓紙鈔。母親對他說：「去買點有營養的東西吃。」A的年收入相當可觀，對他來說，一千圓的金額太微小，但這一千圓對母親來說，是一筆不小的錢。母親把對她而言很重要的一千圓塞給兒子，希望兒子去買點好吃的東西。母親藉由這張一千圓，表達了這樣的心意。

這一千圓充滿了母愛和母親的擔心，A從此一直把這張皺巴巴的千圓紙鈔帶在身上。這就是父母的愛。

我深信，**如果你的擔心是源自愛，就應該好好珍惜這份擔心。即使無法為對方做任何事，這份心意一定可以傳達給對方。**

擔心並不存在於「當下」這個瞬間

我們總是有很多擔心，有些擔心微不足道，有些擔心有點棘手。即使明知道擔心也無濟於事，還是會忍不住擔心。我認為人心就是如此。

擔心到底出現在哪裡？在考慮過去、現在和未來時，就會發現所有的擔心都是關於未來的。因為過去的擔心已經成為過去式，完全無能為力。即使原本擔心的事真的發生了，也無法改變已經發生的事，只能設法處理善後。一旦著手處理，擔心就消失了。「擔心」變成了「必須著手處理的事」。這種情況下，心情反而比較輕鬆。因為不再是面對模糊不清的擔心，而是可以清楚看到問題。由此可見，擔心並不存在於已經過去的時間中。

所有的擔心都只存在於未來的時間中，隱藏在還沒有到來的時間中。不知道明天能不能順利完成這件事，不知道下個星期的工作是否順利。說起來，**所有的擔心都是「以後的事」**。而且，**所有的擔心都會在「當下」這個瞬間中消失**。即使為明天的事擔心，當明天到來時，就不會再感受到擔心。

比方說，下週有棒球比賽。那是一場很重要的比賽，無論如何都想贏得這場比賽。即使事先已經充分練習，內心仍然會忍不住擔心。萬一出差錯怎麼辦？如果完全擊不出安打怎麼辦？如果因為自己的關係，輸了下週的比賽怎麼辦？越是想比賽的事，就冒出更多擔心。任何人都曾經體會過這種因為緊張造成的擔心，這些擔心會陰魂不散，一直糾纏到比賽開始的瞬間。

但是，在宣布比賽開始的那一刻，所有的擔心都一下子消失了。為什麼會消失？因為所有的心思都集中在目前這個瞬間，全神貫注地打好眼前的每一球。全心想要打好這場比賽，沒時間胡思亂想，自己和棒球成為一體。也就是說，對未來的擔心，在未來出現的瞬間，就發生了變化。

禪中有一句話叫做「**活在三世**」。所謂「三世」，就是「**過去、現在、未來**」，彌勒、釋迦和阿彌陀分明是這「三世」的象徵。禪認為人活在「三世」中，**最重要的還是「現在」**。雖然現在之前曾經是過去，未來也近在眼前，但是，整天為過去怨嘆，為未來擔心也無濟於事。我們必須活在「當下」這個瞬間。**不要被過去束縛，也不要對未來產生不必要的擔心，盡全心活在當下這個瞬間**。這是禪的基本思想。

時間隨時都在流逝。比方說，你目前正在看這本書，但是，在看前一頁時的那個你，已經是過去的你。即將看下一頁的你，是你未來的樣子。呼吸也一樣。吸氣、吐氣。吸氣的瞬間是現在，但吐氣的瞬間，剛才吸氣的瞬間已經變成了過去發生的事。什麼時候最重要？不是前一頁，也不是下一頁，而是目前正在看的這一頁這一行，才是最重要的瞬間。

將意識集中在「當下」這個瞬間。做目前該做的事，將注意力都集中在目前該做的事上。不要對已經過去的事產生執著，也沒必要對還沒有到來的時間產生不必要的擔心。所有的事都將會成為過去，無論自己願不願意，未來都將出現在眼前。無論遭遇到多麼痛苦、多麼不開心的事，只要用力拍拍手，下一個瞬間就會出現在眼前。要注視「當下」這個瞬間，努力轉換心情。

眼前有很長的階梯。有人看到階梯，就放棄走上去。因為不知道階梯上方是什麼，因為擔心，所以不敢走上階梯。也許階梯上方是一片美景，但有人因為擔心階梯上方未知的世界，不敢踏出第一步。這種態度正是執著於過去的世界，沒有活在當下。

要一步一步走上眼前的階梯，專心往上走，努力踏穩每一步。中途的時候，可以回首來時路，一定可以發現之前從來沒有看過的世界，可以用全身感受自己走過的路。這就是活著的真實感。不要胡思亂想，努力活在當下這個瞬間。當這種努力不斷累積，結果就會自然呈現。能夠在當下這個瞬間努力的人，明天也能夠繼續努力；無法在當下努力的人，無論過多久，都不會努力。覺得「不需要今天，明天再努力也不遲」的人，到了明天，又會說相同的藉口，然後一輩子都不曾為任何事努力過。

向眼前的階梯踏出第一步。在踏出第一步的瞬間，就可以擺脫過去的束縛，同時，也能夠遠離對未來的擔心。即使有一百級階梯，只要走出一步，就像是走完了一半。要好好珍惜當下這個瞬間。

◎「打招呼」可以消除人際關係的擔心

我們所擔心的事不是現在，而是在還沒有到來的未來。為什麼會對未來感到擔心？因為我們對未知的事物感到不安。我們能夠在某種程度上想像曾經經歷過的事，但對於不曾經歷過的事，難免會感到擔心。

比方說，現在有很多人換工作。因為換了一家新公司，所以當然會擔心。不知道能不能很快適應新工作？不知道能不能做出一番好成績？去新的環境時，難免會有這種擔心。但是，只要冷靜思考後就可以發現，在之後努力工作的過程中，這些擔心會自然消失。可以運用之前的經驗，專心投入該做的工作。不久之後，就可以讓新的工作也變成有經驗的事，就可以發現具體的解決方法。

但是，對未知人際關係的擔心無法這樣輕易消除。因為這種擔心還關係到對方，光靠自己一個人的努力無法解決問題。當自己換工作，或是在同一家公司內換部門時，會對人際關係感到擔心。「不知道和新同事相處是否愉快？」「不知道去了新的部門，工作是否順利？」雖然同樣是未知的情況，但因為每個人千差萬別，可能會發生意想不到的情況。很多人都對新的人際關係總是充滿不安和擔心，有很多人來找我諮商，有一半是有關人際關係的問題。

「怎樣才能和大家相處融洽？」

每當有人這麼問我時，我都只有一個答案。**「不管怎麼樣，面帶笑容向大家打招呼**。早上見到同事時，說聲『早安』，下班時說聲『辛苦了，我先下班了』，而且要大聲說。」可能大家覺得這些話是廢話，但這麼理所當然的事，到底有幾個人真正做到？據我的觀察，我發現比想像中更少。

大家早上遇到同事時，都會打招呼，但低著頭小聲說「早安」，並不算是打招呼。打招呼的日文是「挨拶」，這兩個字來自禪語，是積極與他人產生交集的行為。師父想要傳授給弟子，弟子充分接受師父傳達的心意，帶著對彼此的關心，交換溫暖的話。這就是「挨拶」的意思。

「早安」這兩個字中，包含了對對方的關心。「早安」這兩個字，包含了「你今天也這麼早就來了，沒有感冒吧？我們今天也要努力工作」的心意。如果低著頭，小聲向同事道早安，對方能夠感受到這種心意嗎？當然不可能感受到。人的聲音和電腦發出的聲音不同，聲音可以傳達感情，只要聽對方說話的聲音，就可以瞭解對方的心理狀態。正因為這樣，所以一定要面帶微笑，大聲打招呼。打招呼是人際關係的起點，也可以促進雙方心靈的交流。

要努力做到**「和顏愛語」**。**為對方著想，話語中充滿慈愛。帶著溫暖的笑容，發自內心地向對方打招呼。只要做到這件事，對方就會願意敞開心房**。當進入一個新的環境時，更要努力做到這一點。即使是初次見面的人，也要笑著大聲說：「請多指教。」也許有人的態度會很冷漠，但即使這樣也無所謂。只要堅持「和顏愛語」，周遭的環境一定會變得很溫暖。和未知的對象打交道，的確會令人感到不安。不知道對方是怎樣的人，不知道對方會不會接受自己。更何況世界上有各種不同個性的人，十個人有十種表達方式，但我向來用「和顏愛語」待人，至今為止，都不曾遭到拒絕。即使對方表面上裝模作樣，但其實心裡已經接受了我。人心就是這麼一回事。

逐一消除小小的擔心

每天盤踞在心頭的擔心，其實都不是什麼大不了的事。仔細檢視每一件事，發現都只是芝麻小事。我們不會為一件擔心的事煩惱一整天，但是，當有很多小小的擔心聚集在一起，就會變成巨大的不安襲來。這種時候，原本微不足道的擔心就會發展為巨大的煩惱。因此，要努力消除擔心，避免在內心累積。

比方說，待辦事項。無論在工作上，或是日常生活中，都會有一些必須做的事，或是必須解決的問題。只要一想到還有待辦卻未辦的事項，就要馬上處理完畢。假設有一份資料必須在星期五之前完成，但今天是星期一。做這份資料可能要花一個小時，有人就會覺得反正才星期一，既然星期五才要交，等到星期四再做也不遲，就把這件事丟在一旁。

但是，每天都有很多該做的工作。到了星期二，又有新的必須在星期五之前完成的工作。隔天，主管又交代緊急的工作。結果工作越積越多，最後就變成極大的壓力。即使每一項工作很簡單，但累積在一起，就根本來不及處理。這種時候再後悔「早知道應該星期一處理完」就來不及了。

家庭主婦做家事也一樣，該做的家事會一件一件冒出來。衛生紙快用完了。浴室有一個燈泡壞了，孩子的感冒藥好像也吃完了。要記得趕快匯房租給房東。待辦事項一件又一件出現在眼前。如果一拖再拖，就會越積越多。去商店街買菜時，懶得特地跑去藥局買藥。今天太麻煩了，改天再買。反正只有一盞燈不亮，沒關係。其實只要稍微多走幾步就可以解決問題，卻不願意這麼做。

結果就有很多該做未做的事，在不知不覺中感到很有壓力。光是衛生紙用完不會造成壓力。這種小事甚至不會造成擔心，但是，如果累積了很多待辦事項，就隱藏著危險，有可能發展為擔心。**沒什麼罣礙的人會認真處理完每一件小事**。能夠做的事馬上就動手去做，不要拖到明天，而是在今天就行動。即使是小問題也不拖延，立刻動手解決。如此一來，內心永遠都保持舒暢。一旦心情舒暢，擔心就無法輕易靠近。

大部分擔心的事起初都像是一顆小種子，而且是還沒有發芽的種子。在我們生活周遭，有很多這種擔心的種子。在種子還沒有發芽之前就處理掉，就不會長出名為「擔心」的雜草。如果丟在那裡不處理，擔心的事就會越來越多，最後，名為「擔心」的雜草叢生，讓心靈變得荒蕪。

生活周遭有很多擔心的小事，或是還沒有變成擔心的待辦事項，不妨立刻採取行動，逐一消除。如果無法靠自己的力量消除，那就放在一旁。時間會自然而然地解決大部分的事。對於這種自己無力解決的擔心事，可以稍微保持距離旁觀就好。

我在大學擔任教職，經常有學生和我討論求職的事，正確地說，他們只是向我傾訴內心的擔心。

有一個男學生來辦公室找我。

「老師，我很想進A公司，但看了公司之前的錄取紀錄，從來沒有錄取過我們學校的學生。我已經寄了申請書，也完全沒有接到任何聯絡。真的沒希望了嗎？但我真的很想進A公司。」

那個學生說，他為了這件事悶悶不樂了很久。我對他說：

「既然你那麼想去那家公司，不妨直接上門拜訪。不要考慮負責面試的人願不願意見你，你只要主動出擊。即使最後還是不行，你也可以放下這件事。即使你整天為這件事悶悶不樂，也找不到解決的方法。因為只有你採取行動，才能夠找到解決之道。更何況我認為採取行動比你在這裡擔心、煩惱輕鬆多了。」

他聽了我的話，似乎擺脫了原本的擔心。不，應該說，他向擺脫這個煩惱邁出了一步。如此一來，就沒問題了。即使他最後沒有進入那家夢想中的公司，他也會積極面對工作，不會成為那種覺得「明天再做就好」的人。我看到他之後的表情，深深體會到這一點。

◎不必為死後擔心的生活方式

說到討論，最近還有另一件很多人都找我討論的事。那就是關於墳墓的事。隨著核心家庭化，沒有人守護祖先的墳墓。也有人終生未婚，或是沒有生孩子，擔心沒有人為自己掃墓。如果自己死了，到底誰會來為自己掃墓？想到自己的墳墓荒涼的樣子，就忍不住悲從中來。因為有太多人找我討論這件事，所以我還為此寫了《誰來掃你的墓？》這本書。

對自己死後的擔心和不安。因為有這種不安，所以晚年無法過得輕鬆快樂。我覺得這樣的人越來越多了。但其實這些不安和擔心大部分可以馬上解決。

具體來說，首先是關於戒名的問題。大家是否都以為，人必須在死後才能取戒名？有人擔心，如果孤家寡人的自己死了，就會由從來沒見過的陌生僧侶為自己取一個戒名。戒名是永久的，所以不想被取一個自己不喜歡的戒名。

如果有這種擔心，可以在生前就請僧侶取好戒名。在江戶時代，生前取戒名很常見，目前仍然有某些地區保留了這樣的習慣，根本沒有任何不吉利。每年也都會有幾位長者要求我幫他們取戒名。我會花充分的時間瞭解對方一路走來的人生，然後取兩個最能夠代表對方人生的戒名。因為我覺得只取一個，似乎在強迫對方接受。

如果擔心沒有人為自己掃墓。我的寺院可以永久供養，今後將計畫在本殿設置祭祀這些故人牌位的地方，每天早上都會誦經供養。如果想要買墳墓，本寺院也有合葬的墓地。或許有人覺得合葬墓地有一種冷清的感覺，但其實完全沒有這回事。寺院的僧侶會守護這些墳墓，所以絕對不會變得荒涼。我相信在今後的時代，這種方式的墳墓會越來越多。

購買合葬墳墓，和寺院約定永久供養，然後在生前取好戒名，預立遺囑，交代自己的身後事。只要做好這些充分的準備，就可以盡情享受之後的人生，完全不必擔心自己的身後事。為自己的身後事做準備完全不消極，這是讓剩下的人生更充分的積極行為。只要採取行動，這些擔心的事中，大部分都會消失。

我要重申一次，**不要讓擔心的小事越積越多，立刻採取行動，可以消除大部分擔心**。不要只是在腦袋裡擔心，要站起來採取行動。一點點行動就可以消除很多擔心。這正是人類堅強的地方。

第3章

【貪求癖】

學會「捨棄」，走向富足

懂得知足

佛教中的「**知足**」這兩個字很有名，相信各位應該曾經耳聞過。知足就是「**知道滿足**」，對自己的現狀感到滿足。**不要貪得無厭，要隨時告訴自己，目前所擁有的已經足夠了。這種心態可以讓人生走向富足**。這是佛教的教誨。

人類的物欲無窮無盡。有了一個，還想要十個；即使有了十個，也不會感到滿足，還想要一百個。明知道自己並不需要，但還是找各種藉口想要擁有。一旦被捲入這種物欲的漩渦，就永遠無法感到滿足。物欲的漩渦沒有止境，一旦陷下去，就無法脫身。如果不阻止自己，就會走向被物欲支配的人生，陷入擁有越多東西就越幸福的想法。

每個人都會有物欲，想要擁有很多東西，想要擁有新的東西。目前的社會，更是不斷激發這種欲望。電視和雜誌上不斷出現很多很吸引人的新商品，巧妙地操作「流行」這個字眼，激發民眾的購買意願。這也是促進企業發展的手段，所以無法輕易否定，但重要的是，不要輕易被企業煽動。

努力做到只買自己真正需要的東西。如果是自己渴望已久的東西，也可以買，不需要連這些都忍耐。我們僧侶也無法隔絕充斥著各種商品的這個世界，也無法避開氾濫的資訊。當有吸引人的新商品出現時，也會忍不住心動，會產生「真希望我也有那樣東西」的欲望。但是，我不會被這種欲望束縛。我不會否定自己想要的心情。因為我是凡人，當然會產生這樣的感情。但是，**曾經渴望擁有的瞬間，是過去的心，已經離我而去。我對曾經渴望擁有的心也沒有任何執著。只要掌握這種感覺，就不會被捲入物欲的漩渦。**

比方說，下班回家的路上，看到一件很漂亮的衣服。於是，就會產生「啊，真漂亮，好想要」的想法。這是很自然的感情。但是，這個月手頭拮据，所以無法立刻買這件衣服，所以只好搭電車回家。在電車上仍然一直想著那件衣服，覺得「還是好想要」。但是，要讓自己在下車時忘記這件事。總之，要先忘記自己渴望擁有那件衣服，不要讓渴望擁有的想法一直糾纏自己。也就是要養成對一個又一個欲望置之不理的習慣。更何況一直想著「我想要那件衣服」，不是很浪費時間嗎？雖然我們無法阻止一個又一個的欲望出現，但我們可以在每一個欲望出現時，對這些欲望置之不理。對欲望置之不理後，如果還是認為自己很需要，到時候再買也不遲，沒必要急著購買。

消除執著，就可以逐漸瞭解自己真正需要的東西。比方說，目前想要十樣東西，先暫時擱置內心的這些欲望，把這十樣東西推到心靈的角落。過一段時間之後，再把這十樣東西拿出來，結果發現對其中五樣已經沒有感覺了，剩下的四樣目前並不是馬上需要，十樣東西中，只有一樣是目前真的想要的東西。

到底**需要什麼**，**不需要什麼？**有判斷的標準嗎？標準在每個人的內心，不要交由他人決定，也不要受流行的影響，要**具備自己的判斷力**。

女性通常都有好幾個皮包。如果只有一個皮包，的確不太夠。一旦踏上社會，需要有工作用、平時用，以及正式場合用的皮包，我認為至少應該有三個皮包。但反過來說，三個皮包就足夠了。只要有分別符合這三個場合、自己也很喜歡的「好皮包」，其實就足夠了。如果工作用的皮包壞了，到時候再買新的就好。平時用的皮包也不需要那麼多。但是，女性經常說：「因為皮包必須搭配當天穿的衣服，衣服要換，皮包當然也要換新的。」這種想法太奇怪了。

為什麼奇怪？因為是根據衣服這種「物品」來挑選皮包這種「物品」，也就是受到「物品」的支配。「物品」的標準是另一種「物品」，自己卻不見了。必須以「自己」作為挑選的標準，自己喜歡的皮包，適合自己的皮包，只買以這種標準嚴格挑選的皮包。千萬要記住，「物品」不是主人翁，自己才是主人翁。雖然這番話聽起來像大道理，但會被物欲影響的人，在思考時往往不是以自己為中心，而是以物品為中心。

有一位女性，她的衣著很有品味，但並不是昂貴的衣服。生活也簡單樸素，向來不買不需要的東西。有一次，她的朋友對她說：

「難道你不想穿一些更時尚的衣服嗎？不想有名牌包嗎？」

那位女性回答說：

「我去書店時，可以不在意書的價格買精裝本。我不是買文庫本，而是買精裝本，這就足以讓我感到幸福。」

我認為這位女性很出色。至少她瞭解對自己的人生來說，什麼才重要。比起吃一千五百圓的午餐，她選擇買一本精裝本的書，她知道這對自己更有意義。我認為她是一個正視自己人生的人。

我認為一個人的力量，一個人的生活方式，決定了他是否能夠控制物欲。

◎修理物品就是修復內心

「**緣**」這個字，主要是指人和人之間的緣分，我認為**人和物品之間也有緣**

分。我認為我們生活周遭的各種物品，無論是自己買的，還是別人送的，都是因為和我們有緣分，所以才會出現在我們的生活中。

有的人已經有筆電了，但有新商品推出時，就立刻換新。車子只開了三年，但有新車上市，就想換新車。一旦習慣用這種方式對待周遭的物品，就無法和物品之間建立感情。有很多東西即使壞了，修一修還可以使用。既然這些物品因為緣分走進自己的生活，我認為和這些物品之間建立感情是一件重要的事。

自古以來，修行僧就有在每個月逢四、九的日子沐浴、剃頭的習慣。目前很多僧堂都可以每天洗澡，但以前只有逢四、九的日子才可以，所以稱為「四九日」。在這一天，僧侶會修理生活周遭損壞的東西。如果衣服破了，就縫補好；如果掃帚壞了，就細心修理。觀察生活用品，盡可能不丟棄，修理後重新使用。

即使是已經無法發揮作用的舊東西，也盡可能不丟棄。比方說，石磨使用多年後會磨損，無法繼續當石磨使用。這意味著身為石磨的生命已經結束了，但即使如此，也不會丟棄，而是作為庭院的踏腳石加以利用。這在禪中稱為「轉用」。即使身為石磨的生命已經結束，也可以變成踏腳石獲得重生，為石磨注入了新的生命。僧侶珍惜所有的物品，對所有的物品都產生感情，內心也會變得美好。我們僧侶向來認為，**珍惜物品就是珍惜生命，修理物品，也同時可以修復自己的心**。

當然，並不是所有的物品都能夠修理，也沒必要「轉用」所有的物品，但在對待物品時，要隨時帶著「也許還有可用之處」的想法，不要立刻換新，而是試著思考是否可以加以利用。這不是對有緣出現在自己生活中的物品應有的愛嗎？

從學生時代開始使用的鋼筆，換了好幾次筆尖後繼續使用。但用了三十年，真的已經不堪使用了。即使無法使用，也不會輕易丟棄。這是對鋼筆的感情，這支鋼筆曾經寫過無數個字，記錄了自己的喜悅和悲傷，代表了自己至今為止的人生，自己的心也寄託在這支鋼筆上。每個人都會有這種感情，絕對不能捨棄這種感情。**因為緣分而出現在自己生活中的物品，和自己人生的某個階段合為一體。一旦有這種想法，就可以減少物欲，這也可以成為走向「知足」的路標。**

學會捨棄

有人總覺得每天的生活缺乏充實感，既沒有開心的事，無論做任何事，也都無法感到滿足，什麼事都無法如願。當處於這種狀態時，往往容易開始尋找「缺少的東西」。因為缺少了什麼，所以才會不開心。只要有了新的什麼東西，目前的生活就會快樂起來。為了改變目前的狀況，努力尋找自己「缺少的東西」。

於是，這種「缺少的東西」就會變成欲望浮現，一味想著要為生活「增加」什麼。只要買新衣服，生活應該會改變。只要買了渴望已久的車子，人生應該會更快樂。但是，即使為生活增加了新的東西，心靈仍然無法感受到充實。因為，在得到的當時雖然感到滿足，但新的東西也很快就變成「已經擁有的東西」，對新鮮的感動會在瞬間消失，再度開始尋找「缺少的東西」。一再重複這樣的過程，貪戀就會在內心萌芽。

不要追尋「缺少的東西」，而是要思考捨棄「不需要的東西」。如果想要改變目前的狀況，「捨棄」比「獲得」更重要。這就是禪的生活基本。簡單生活，就是盡可能減少不必要的東西，把房間整理得井然有序，讓自己生活在清爽的空間。於是就會發現，連心情也變得輕鬆了。物品和心靈並非沒有關係，而是彼此產生影響。有越多不必要的東西，心理負擔也會跟著增加。

比方說，買了一輛新車。如果車子是生活必需品，當然沒有問題，但對有些人來說，平時幾乎沒有機會開車，最多只是週末去附近兜風，或是去附近的超市買東西而已。問題是只要買了車，即使不開，也要付稅金和租車位的費用。

更何況如果是新車，會擔心萬一被人亂刮或是破壞怎麼辦。天黑之後，總是忍不住擔心車子。早晨起床後，第一件事就是先去看車子是否安全。買新車的時候固然高興，但之後就會變成擔心的原因。這顯然造成了不必要的心理負擔。如果沒有車，就不需要有這種不必要的擔心了。去附近超市時，只要騎腳踏車就夠了，而且更有益身體健康。下雨的時候只要撐把傘，天氣冷的時候可以多穿件大衣，走在路上時，可以用全身感受大自然。為了得到幸福而買的東西，反而奪走了幸福。在你的生活中，是否也有類似的情況？生活中需要車的人當然可以買車，喜歡車子的人，買新車也可以讓人生變得更豐富。我無意全然否定車子，但是，必須嚴格挑選自己真正需要的東西，捨棄不必要的東西。

如果你的生活中充斥了各種物品，到底該捨棄什麼？首先，**將你所擁有的東西分成三大類**。**第一類，是對自己來說，是絕對必要的東西**。像是工作上必須使用的東西，或是對你的人生很重要的東西，都屬於這一類。**第二類是有當然好，但沒有也沒關係的東西。第三類就是明顯不需要的東西**。

在這三類東西中，第一類的東西當然沒必要捨棄，並不是捨棄一切就好。第三類東西，也是當事人覺得不需要的東西，所以捨棄應該沒有問題。最重要的是，要決定以後絕對不要再買屬於第三類的東西。有太多東西的人，往往會接連購買這些不必要的東西。關鍵是第二類物品，也要勇於捨棄這些有當然好，但沒有也沒有關係的物品。雖然知道沒有也沒關係，但還是會用這樣那樣的藉口捨不得放棄。「也許以後會用到」、「也許以後會派上用場」、「也許以後會後悔，早知道當初不該丟」。「以後」這一天有百分之九十九不會到來，如果真的有那麼一天，到時候再買就好。所以，要下定決心，捨棄這第二類的東西。當房間變得乾淨清爽後，心情也會變輕鬆。**捨棄並不是失去，而是得到**

其他的東西，可以得到心靈的富足。

◎讓腦袋有徹底放空的時間

日文中有「**質素**」和「**簡素**」這兩個名詞，雖然經常有人混用，但其實這兩個詞彙的意思完全不同。**「質素」是指使用價值低廉物品的生活態度**，生活用品越便宜越好，對物品沒有任何講究的態度。比方說，買了五個便宜的茶杯。因為很便宜，即使打破也沒關係。由此可以發現，「質素」的生活無法對物品產生感情，而且，「質素」的生活並不代表生活中沒有不必要的東西。即使買的茶杯很便宜，但如果買了五、六個，當然就是浪費。

「簡素」則是嚴格挑選必要物品的生活態度。茶杯每天都要使用，所以只買一個就好，但必須是自己喜歡的「好杯子」。不需要五、六個杯子，只要買一個昂貴的杯子，然後在每天的生活中珍惜使用。家裡力求簡單，把錢花在真正需要的東西上。這就是日本人所說的「簡素生活」。

飲食也一樣。飲食是打造身心的基礎，在飲食上，不可以追求質素。有人覺得最好價廉量多，只要能填飽肚子就好，這種飲食正是「質素」而「粗糙」的飲食。必須攝取有益健康的飲食，攝取當令的食材，但絕對不能過度。努力做到這一點，就可以調整身心。自古以來，修行僧的飲食就是一菜一湯，雖然「簡素」，但絕對不「質素」。攝取自己身體需要的食物，感謝大自然的恩惠，就不會飲食過量。

我已經年過六十，但經常有人稱讚我皮膚很好。「住持，你臉上的皮膚真好，怎樣才能有像你這麼晶瑩剔透的皮膚？」上電視時，工作人員或是同台的其他人也經常這麼稱讚我。我相信應該和我的飲食生活有關。我和家人一起吃飯時，都和小孩子吃一樣的食物，也很喜歡吃咖哩，但飲食生活基本上都是以蔬菜為主。我三餐絕對不會吃得太飽。去日本各地或海外時，會品嚐各地的食物，但都不會吃到八分飽。這應該是我多年修行養成的習慣，如果有人認為我的皮膚好，應該是我的生活很「簡素」的關係。

每個人都要反省自己的生活，捨棄不必要的東西，靠真正需要的東西過日子。**努力過簡單、簡素的生活，就能夠漸漸找回心靈的富足**。要捨棄為生活「增加」東西的意識，而是努力「減少」東西。這並不是一件困難的事。

也許有人覺得這樣仍然很困難，覺得很難捨棄擁有的東西，也很想要一些自己還沒有的東西，忍不住想要為生活增加更多東西。我要送這種人三個字，就是「**放下著**」。「**讓自己有放下所有執著的時間，即使只是短暫的剎那也好**」，這就是「放下著」這三個字的意思。

有時候要放棄思考的行為，讓腦袋徹底放空。暫時不要去想自己想要什麼，不去思考該捨棄什麼，也忘記自己該做的事。要讓自己有這種放空的時間，可以抬頭仰望天空。蔚藍的天空中飄浮著白雲，用臉頰感受吹來的微風。在仰望天空時，心可以感受到「啊，真美」。在這個瞬間，可以消除所有的雜念，讓天空的美麗滲入心中。

為自己安排腦袋放空，眺望天空的時間。或是看著花瓶中綻放的花出神。即使只有一分鐘或是三十秒都無妨，**讓自己暫時忘記所有的一切，暫時不思考任何事，這樣的時間最重要**。無論再怎麼忙碌，任何人都可以輕鬆擠出這點時間。經常有人說「發呆根本是浪費時間，把時間用來發呆很不值得」，我相信說這種話的人經常滿腦子雜念，無法瞭解「把腦袋放空」這種無益的美好，被不必要的執著所困。在這種狀態下，不可能達到「簡素」的生活境界，滿腦子只想著為生活「增加」更多東西。

我認為在**日常生活中，必須擁有空白的時間，讓自己身處這樣的時間，就可以看清該捨棄的事物。**

只要有錢，就可以幸福嗎？

我們的生活中充斥著物欲和欲望。在現代社會中，可以發現金錢是欲望的根源。想要買什麼，就有金錢的問題產生。想要在公司出人頭地的欲望，最終也是和金錢有關。生活在資本主義社會中，我們無法擺脫金錢。

錢當然很重要，我們僧侶在現實生活中，如果沒有錢，就無法生活。說「沒錢也沒關係」這種話固然很簡單，但根本脫離了現實。在社會上生存，當然需要錢。但是，不能對金錢執著。我認為，**如果覺得只要賺很多錢就好，最終會造成自己的痛苦。更何況人類無法只為了金錢努力，而是因為有使命感和生命的意義，才能夠努力不懈。**

舉一個有點極端的例子。那是越戰時代的事。美軍的士兵在越南浴血奮戰，很多士兵都死在戰場上，但美軍沒有把在越南戰死的士兵立刻運回本國。當時，橫濱根岸有美軍基地，美軍把士兵的屍體先運來日本。

為什麼要這麼做？因為在戰火中喪生的士兵屍體都慘不忍睹，手和腳被炸掉了，面目全非，完全沒有生前的影子，有很多屍體上半身和下半身分開了。美軍認為「沒辦法把這些屍體交給家屬」、「至少要稍微整理一下，才能送回給家屬」，所以在日本將屍體進行修復之後，再運回本國。

進行修復作業的當然不是醫生，而是普通的士兵。他們每天都很努力地修復送來的屍體，但還是不斷有新的屍體送來，光靠基地內的士兵，根本無法完成這些修復作業。於是，美軍決定找當地的日本人打工。把屍體清洗乾淨，再把受傷的部分縫合。只要工作一天，就可以領到三萬圓的薪水。當時的三萬圓是相當可觀的金額，應該超過目前十萬圓的價值。

只要稍微忍耐，一天就可以賺三萬圓。有不少日本人為了錢去應徵，但聽說沒有人願意第二天繼續打工。雖然可以賺錢，但這份工作太可怕了。光是想像，就可以知道多可怕。但仔細思考後發現，基地的那些士兵並沒有領取特別的補貼，每天都做這麼可怕的工作。他們為什麼能夠做到？

簡單地說，就是因為他們具有使命感。「要讓戰友乾乾淨淨回老家，這是我們活下來的人的使命。」正因為有這麼強烈的使命感，他們才能夠忍受這麼可怕的工作。沒有使命感，只是為了錢工作的人，根本無法忍受。

雖然這個例子很極端，但我認為可以從中瞭解工作的本質。無論做任何工作，都必定有辛苦和痛苦，這個世界上沒有任何工作只有歡樂。當遇到痛苦和嚴峻的考驗時，克服這種痛苦的原動力是什麼？這種原動力絕對不是金錢。並不是只要賺很多錢，就可以克服所有的痛苦。人並沒有這麼簡單，也沒這麼愚蠢。**如果缺乏生命的意義或使命感，就無法克服嚴峻的困難**。我認為這就是人類的本質。

有些人整天把錢掛在嘴上，滿腦子都是利害得失。做這個工作可以賺錢，和那個人來往有利可圖。做這個工作不賺錢，所以不必太認真。我所認識的人中，沒有任何人因為有這種思考方式而賺了大錢。即使有人因為對金錢的執著而賺了大錢，那個人的人生也將窮得只剩下錢。人生中無法留下生活方式和想法，只剩下錢。當最後連錢也沒了，在他周圍打轉的那些人也都會消失不見。我認為這樣的人生很淒涼。

相反地，在我當住持的寺院的施主中，有人在社會上獲得了巨大的成功。有人做生意很成功，也有人在一流企業當高階主管。這些人有一個共同點，就是對工作的熱情比別人強一倍。他們對自己的工作有強烈的使命感，為了社會努力工作。**比起私人的利益，他們在工作上優先考慮他人的利益，讓他們因此能夠帶領周圍的人一起更上一層樓**。他們並不只是為了錢而工作。以前面提到的基地的例子來說，就像是那些對修復屍體有使命感的人，那些忍著淚水，面對屍體的人。

在當今的社會，金錢漸漸變成了主角，金錢甚至可以打動人心。正因為這樣，我們更需要站在和金錢保持一點距離的位置看待金錢。金錢雖然很重要，但絕對不能讓金錢成為主角。**千萬不要忘記，真正的主角是我們的心**。

◎「感受」幸福，而不是「得到」幸福

只要有錢，就可以幸福。這個世界充斥著這種幻想，我們必須及時發現這根本是彌天大謊。什麼是得到幸福？我認為，**不是要「得到」幸福，而是要「感受」幸福**。並不是有錢就可以「得到」幸福，而是因為有這些錢，所以能夠「感受」幸福。

比方說，有一對有錢的夫妻。雖然他們家財萬貫，但夫妻感情並不好。在家時也不會聊天，彼此早就已經沒感情了。生日的時候，這對夫妻好像盡義務地一起去吃飯。他們去一流的餐廳，吃一餐好幾萬圓的餐點。在吃飯時，他們也相對無言，只是默默地吃。如果勉強說話，一下子就會吵起來，氣氛變得很差。這對夫妻會感到幸福嗎？會覺得幾萬圓的大餐好吃嗎？

某本雜誌上刊登了一篇讀者來函，這對夫妻令我印象深刻，所以在此介紹。

A先生和A太太是一對六十多歲的夫妻，兩個人都很努力工作，但生活並不富裕，只能勉強應付生活開支。每到月底，就必須節省餐費，勉強度日。但這對夫妻相互扶持，感情也很好。

有一次，難得月底竟然還剩下一萬圓。以前從來沒發生過這種情況。有一萬圓可以自由運用的錢，真是太令人欣喜了。A先生和A太太決定用這一萬圓去吃大餐。他們很少去外面吃飯，對他們來說，這是一件奢侈的事。但機會難得，他們決定用這一萬圓去好好吃一頓。

A太太稍微打扮了一下，夫妻兩人一起去街上。到底要吃什麼呢？要去哪一家餐廳呢？一定要吃平時吃不起的餐點。兩個人一路開心地討論著，走過一家又一家餐廳的門口。街上有很多看起來很好吃的餐廳，他們有一萬圓，可以吃很多東西。

但是，當他們準備走進餐廳時，覺得太可惜了。他們遲遲無法決定要去哪一家餐廳，最後終於走進一家拉麵店。他們點了拉麵和餃子，還有一份炒麵，又點了兩瓶啤酒，總共花了三千圓。對他們來說，已經是很奢侈的一餐了。「真好吃。」「今天真開心啊。」他們相互這麼說著，一起走向車站。

來到車站，看到有幾個小孩子拿著小箱子站在那裡。「請捐款給車禍遺孤。」一個小女孩大聲地說道。夫妻兩人互看了一眼，點了點頭，然後把剩下的錢投進那個女孩的箱子裡。

回家的電車上，他們感到無比幸福。A先生說：「拉麵和餃子都很好吃。」A太太興奮地點著頭。

我認為這就是感受幸福。錢很重要，但並不是能夠讓人幸福的一切，**溫暖的心才能夠讓人幸福**。

第4章

【嫉妒癖】

「別人是別人，我是我」，藉此解脫

任何事都喜歡比較的人

每個人都會嫉妒別人，或是對別人感到羨慕。我們生活在社會上，社會上有各式各樣的人。有人成功，也有人落魄。有人露出幸福的笑容，也有人總是愁眉苦臉。我們周圍有各式各樣的人，我們忍不住會和他人比較。

嫉妒的感情因比較而產生。遇到感覺比自己出色的人，就會忍不住心生嫉妒，「真好」、「真讓人羨慕」，這是每個人都會有的自然感情。如果能夠告訴自己「別人是別人，我是我」，當然最好，問題是在實際生活中，往往無法這麼豁達，很難徹底消除羨慕他人的想法。但是，不能整天嫉妒別人。如果羨慕能夠帶來正面的動力，當然沒有問題。如果只是羨慕，自己的心情就會越來越沮喪，無法讓人生更富足。一旦出現嫉妒癖，不妨退一步觀察自己。

比方說，鄰居買了新車。新車很新很亮，相較之下，自家的中古車已經開了十年。一起停在車庫，兩輛車的差異一目瞭然。於是忍不住覺得「真好」，結果就硬著頭皮也去買了新車。或是看到鄰居家整修，也不甘示弱地整修房子。

如果車子太老舊，開不動了，可以買新的車子。如果房子壞了，可以請人來整修。對自己來說，是否真的需要？當退一步思考後，就會發現還有其他的選擇。更何況為什麼要和鄰居家比較？難道和鄰居約好要相互競爭嗎？還是贏了對方，就可以領到獎狀？而且被比較的對方完全沒有意識到這件事，都是自己擅自和對方比較，然後一個人嫉妒不已。

說到比較，有一種比較絕對不行。那就是人和人之間的比較。和鄰居比車子還不算罪過，但**絕對不能把人像物品一樣進行比較**。鄰居家的先生升上了部長，年收入也比自己的丈夫高很多。鄰居太太真漂亮，身材也很好，也很會打扮，真令人羨慕。相較之下，我老婆卻是個黃臉婆。雖然不知道說這種話的人有幾分真心，但有時候會遇到這種人。我認為身為一個人，做這樣的比較很低俗。

把自家孩子和別人家的孩子進行比較更是豈有此理。誰誰誰運動能力很強，誰誰誰功課很好，真羨慕啊，相較之下，我家的孩子太差勁了。小孩子在學校中被迫生活在比較的環境中。考試分數化，同學之間會比較成績。運動和讀書的態度也會被比較，很多孩子在這樣的比較中受到了傷害。然而，從某種意義上來說，在教育的第一線，這種被比較的情況在所難免。正因為這樣，當孩子回到家裡的時候，就要告訴孩子，他是最了不起的存在。**要告訴孩子「你比任何人更棒」**。當孩子聽到父母說「誰誰誰的功課很好，真羨慕啊」這句話的瞬間，內心的「嫉妒」癖就會開始萌芽，然後孩子就會一直活在羨慕別人之中。這樣的人生當然不幸福。

如果要為孩子打分數，我認為所有的孩子都是九十五分。這個孩子來到我們家，而且是個善解人意、溫柔體貼的孩子，光是這樣就足夠了。當孩子剛出生時，幾乎所有的父母都這麼想。**這孩子來到我們家，就是莫大的幸福，在那個瞬間，孩子是滿分一百分**。

但是，隨著孩子的成長，父母就慢慢開始為孩子扣分。因為父母會把自己的孩子和別人比較。雖然出生時是一百分，但升上小學時，只剩下八十分。讀中學時，變成了七十分。如果沒有考進理想的大學，就跌到了五十分。孩子的本質完全沒有改變，父母為孩子打的分數卻越來越低。這都是因為把孩子和別人比較，搶走了那些分數。

不妨回想一下為孩子打滿分一百分時的心情。無論發生了任何事，都要為孩子打九十五分。為什麼是九十五分？因為剩下的五分是父母的欲望。如果九十五分的孩子考進了一流大學，就瞬間變成九十八分了。但是，進大學之後，又會開始比較。最後進哪一家公司，又會和同學之間開始比較。如果順利，可以維持九十八分；否則就退回九十五分。也就是說，剩下的五分是永遠無法滿足的分數。

對百分之九十五感到滿足，把欲望控制在百分之五。如果要和他人比較，只要將百分之五去比較就足夠了。對丈夫也要這麼想。因為這是自己深愛後嫁的對象，光是這樣，就已經有九十五分了。如果丈夫升遷、加薪，就用剩下的五分加加減減。太太是否漂亮，只佔整體的百分之五而已。

我們總是會忍不住和他人比較，這是無可奈何的事。人是相對的動物，在和他人比較之後，才能明確自己的位置。而且，正因為有比較，才能夠明確各自的分工。比較這件事本身並不是壞事，但是，不能被比較的漩渦吞噬。如果自己的人生是一百，最多只有百分之五的部分可以和他人比較，其餘的百分之九十五沒必要和他人比較，甚至無法和他人比較。「她買了新皮包，真好，真羨慕啊。」這種嫉妒會讓你成長嗎？這種嫉妒可以創造出什麼對你的人生很重要的東西嗎？

◎活出自己的人生

禪中有「**主人翁**」這個詞彙，但和電視劇和小說中的「主人翁」意思稍微有點不一樣。**據說每個人內心都有與生俱來的「佛」，這個「佛」其實就是「原本的自己」**，就是自己原本的樣子，也可以說是「真正的自己」。修行就是為了遇見「原本的自己」。人生就是修行，**遇見「原本的自己」，才能夠活出自己的人生**。

但是，許多人無法遇見「原本的自己」。不瞭解自己，不瞭解什麼是真正的自己，也就是無法成為自己人生的「主人翁」。為什麼無法遇見「原本的自己」？因為整天都在和他人比較。

這種人不是以自己的存在為中心，隨時在和他人比較，為此時喜時悲。雖然覺得已經滿足了，但還是忍不住和他人比較，萌生嫉妒的感情。漸漸地，就會看不到自己原本的樣子，只有在和他人比較時，才能夠感受到自己的存在。

真正的自己到底想過怎樣的人生？到底有什麼想法？自己真實的樣子和真心就像躲進雲層般看不清，然後就會在生活中整天在意他人，最終造成根深蒂固的煩惱。

真正的自己是什麼？自己真實的樣子在哪裡？其實每個人都曾經在某個時期遇見真正的自己。那就是幼年時代。幼小孩子的內心，不會和他人比較。當然，和其他小朋友一起玩的時候，會覺得誰誰誰跑得很快，誰比自己高、比自己力氣大，但這並不是和其他小朋友比較，只是接受彼此的個性而已。既不覺得羨慕，也不會為此感到自卑。

然後，大人在一旁看著，卻忍不住開始比較。小孩子之間並沒有比較，但大人卻相互比較。小孩子被灌輸了大人自私的價值觀，也漸漸學會了比較。一旦習慣進行比較，就會漸漸看不到原本已經看到的「自己原本的樣子」，也就無法成為自己人生的主人翁，陷入了好像在過別人人生的生活方式。

看不到自己原本的樣子，總覺得好像迷失了自己。如果你有這樣的感覺，不妨回想一下自己的年幼時代。那時候的自己喜歡什麼？做什麼事時最開心？希望將來做什麼？年幼時的心靈很純潔，充滿了夢想、希望和憧憬，那時候的自己沒有任何擔憂。努力回想年幼的自己，在上床後到入眠前的幾分鐘，試著尋找真正的自己。即使遠離塵世也沒關係，即使回想起脫離現實的夢想也無妨，要努力尋找與生俱來的「佛」。當遇見幼年時的自己之後，就不會再和別人比較，更何況那是過去的自己，根本無法比較。**不會把自己和他人進行比較，也不會羨慕別人，嫉妒別人。這是每個人與生俱來的「佛」，只是要花一點時間，努力回想起來**。

「無所謂」的思考方式

凡事都要避免二元化的思考，不要非黑即白，這是禪的基本思考方式。

人很容易陷入用對立的態度看事物的傾向。好和壞，美和醜，富裕和貧窮。無論在任何事上，都想要決定到底屬於哪一方，而且很在意自己屬於哪一方。如果屬於好的一方，就會感到安心；一旦屬於壞的一方，就開始嫉妒屬於好的一方的人。所以說，嫉妒正是來自這種二元化的思考。

比方說，關於幸福的問題，也會急著決定自己到底算是幸福還是不幸福。認為我至少比那個人幸福，就會感到安心；如果覺得自己比那個人不幸，就會怨嘆自己為什麼這麼不幸。我想要請教有這種癖性的人，決定幸不幸福的根據到底是什麼？你為什麼認為自己比那個人不幸？我相信會聽到這樣的回答。

因為他有很多錢。因為他家的房子很漂亮。因為他比我更成功。因為她更漂亮。諸如此類。我相信可以列舉出很多比較幸福的要素。那麼我想要再請教一下，任何人只要有很多錢，就一定能夠幸福嗎？任何人只要住在漂亮的房子，就會對一切感到滿意嗎？只要漂亮，她的人生就可以燦爛嗎？這不都是你的幻想嗎？

有很多錢，的確可以感受幸福。可以隨心所欲購買任何東西，或許也是一種幸福。但是，這只是短暫的幸福。相反地，即使錢不多，但可以在很多方面感受幸福。我認為這並不是可以簡單比較的事。

比方說，皮夾裡有五萬圓可以自由花用。這種時候，可以吃一頓奢侈的午餐，即使花五千圓吃一頓午餐也不為過。因為吃了午餐，還剩下很多錢，所以下班之後，還可以去喝個小酒。相反地，如果皮夾裡只有三千圓，午餐只能去公司附近的食堂吃五百圓的定食。五百圓也可以吃到美味的午餐。下班之後，就直接回家，和家人團聚。因為沒有可以亂花的錢，所以在車站的書店翻了翻新出版的書之後，就回家了。

假設有這樣兩個不同的人，哪一個人更幸福？吃了五千圓午餐的人比較幸福嗎？直接回家的人不幸福嗎？答案很簡單，兩個人都差不多。

這個世界上，的確有很多二元化比較的事。薪水是高是低，升遷是早是晚，有結婚或沒結婚，房子是大是小，是美女或不是美女，朋友很多或很少。如果想要比較，所有的事都可以拿來比較，比較的項目也會源源不斷。但其實這些比較事項，十之八九都是一些根本無所謂的問題。

不管有很多錢，還是只有很少的錢，其實根本無所謂。尤其目前住在日本，並不會因為沒錢就活不下去。只要想一想那些真的很貧窮的國家，就會發現日本是一個富足的社會。生活在這個富足的社會，即使稍微有錢，或是沒什麼錢，都沒有太大的差別。如果升遷比同期進公司的人晚了三年，能夠對人生帶來多大的影響？即使晚了五年，原本的幸福感並不會有太大的差異。不管是美女，還是長相普通，都不會有太大的差別。

這些都是根本無所謂的問題，卻硬是要分出好壞，用自己的標準擅自分出好壞。我覺得現在有很多這樣的人。

然而，生活在現實社會中，很難完全擺脫和他人進行比較。即使自己不和別人比較，也會變成被別人比較的對象。生活在比較的社會中，很容易被這種比較的浪潮吞噬，也因此會造成一些不必要的痛苦。既然這樣，**不妨尋找「對**

自己來說，根本無所謂」的項目。在自己很在意的問題上，和他人比較也沒有關係，但是，在一些對自己來說並不重要的問題上，就可以告訴自己「怎樣都沒關係」。有人覺得升遷是人生大事，也有人覺得無所謂。這樣完全沒問題，不需要所有的人都在意同樣的事。**自己認為「無所謂」的事，就完全不要和他人比較。這就是可以成為自己人生「主人翁」的生活方式**。

◎淡化嫉妒的方法

這個世界上充斥著嫉妒的感情。常常為一些無關緊要的事羨慕別人，自己內心創造了排名，深受不必要的嫉妒心之苦。有嫉妒的人，就有被嫉妒的人。

自己會嫉妒別人，也會被別人嫉妒。嫉妒心是一體兩面。

我身為住持，同時也是「禪庭」的設計師。起初只是興趣，但因為緣分的關係，所以有很多人委託。這幾年也有不少來自國外的委託，有越來越多人知道我也是設計師。這並不是我渴望的結果，而是認為受到委託都是緣分，所以努力做到最好，結果就在不知不覺中打響了身為設計師的名號。

除此以外，我也有了寫書的機會。最初並不是我去拜託出版社，說我想要寫書，而是出版社的人來找我，問我是否願意寫書。我雖然覺得自己不夠資格，但也很珍惜難得的緣分，所以努力寫作，結果書店陳列了很多我寫的書。住持是我的天職，我對設計庭院還是寫書都沒有絲毫的執著，但似乎仍然有僧侶對我的狀況嫉妒不已。

當我去參加僧侶聚集的聚會時，有人隻字不提我寫的書。大家都知道我在寫書這件事，有些人雖然知道，卻故意避開這個話題。我向來不會主動提及自己的書和設計的事，我猜想那些人應該對我除了當住持以外，還能夠活躍在其他領域感到很不是滋味。雖然我們笑著聊天，但我覺得彼此的關係長了「刺」。

也有人一見到我，就立刻稱讚我寫的書。這位僧侶滿面笑容地對我說：「我上次看了你寫的書，內容實在太棒了，所以也推薦給施主看。」聽到他看了我的書，我就感到很高興，於是向他道謝：「真是太感謝了，因為有緣，所以寫了幾本書。」在這個瞬間，彼此的內心都產生了溫暖的信賴。我認為稱讚我的那位僧侶，一定對自己很有自信，也很有餘裕。因為一**旦有了自信和餘裕，以及人生的信念，就不會嫉妒別人**。

我們無法消除在社會上蔓延的嫉妒，但完全可以淡化嫉妒。比方說，和自己一起進公司的同事升上了部長。當然會很羨慕那個同事，但還是必須發自內心為對方感到高興，**要笑著祝福對方，「恭喜你，太好了，我也會好好努力。」**當真心誠意地祝福對方，就可以溫暖周圍的空氣。當自己身處遭人嫉妒的立場時，也絕對不能傲慢，不要炫耀，不要忘了體諒對方。當受到別人祝福時，也不要說什麼「沒有啦，我只是運氣比較好」，只要說「謝謝，我們再一起努力」就好。只要雙方都有心，就可以淡化嫉妒的感情，甚至可以把嫉妒的感情引導向正面的方向。

「無所謂」的想法並不是自暴自棄地覺得「隨便怎麼樣都無所謂」，而是**相信「無論怎樣，我還是我」、「無論出現怎樣的結果，都不會改變我的人生」，無論怎樣，都可以找到自己的幸福**。凡事並非只有好壞，在好壞之間，有很多幸福的可能，必須看到這些幸福。

比較的事物會隨著時間變化

每個人都會忍不住和他人比較，這是每個人都有的癖性。有時候，即使自己不和他人比較，社會也會比較、評價。只要我們活在社會上，就無法逃避比較的命運。

舉例來說，學歷經常被拿來做比較。尤其在求職的時候，學歷的確對能否被錄用有很大的影響。許多公司都想爭取一流大學的學生，三流大學的學生在求職時就很辛苦。雖然很有自信地認為自己一定可以對社會有貢獻，但這種熱情無法受到肯定，所以忍不住抱怨：「真羨慕他讀的是一流大學，想要進哪家公司都隨他選。」但是，我認為這種想法並不正確。既然這樣，那你為什麼不去讀一流大學？「因為我不夠聰明。」沒這回事。人的大腦差異並不大，除了一小部分天才以外，其他人的大腦能力都相差無幾。為什麼有些人可以考進一流的大學？答案很簡單，因為這些人比別人更努力。

東京大學是日本的最高學府，能夠考進東京大學的學生，應該從小學開始，每天都讀書好幾個小時。即使其他同學在打棒球，也只能忍著想出去玩的心情，繼續在家用功讀書。上了中學和高中後，放棄享受青春，努力為考試做準備。姑且不論這種做法的好壞，總之，這些人因為持續努力，所以終於考進了東京大學。自己不努力，卻嫉妒別人的學歷簡直莫名其妙。因為這都是自己不努力造成的結果。

企業為什麼希望找一流大學的學生？因為一流大學的學生理解力比較強，

基礎也很紮實，但我相信企業應該更加肯定他們的努力。這些學生克制了想要玩樂的欲求用功讀書，克服想要多睡一下的心情，在自己規定的時間起床，這種毅力日後也會對工作有幫助。嫉妒別人很簡單，但是，**因為嫉妒而抱怨無法改變任何事。既然這樣，不如從這個瞬間開始，努力成為理想中的自己**。

關於容貌的問題也一樣。「她那麼漂亮，身材又好，大家都很仰慕她，真羨慕。」一比較之後，只能自嘆不如。但是，請仔細想一想，為什麼大家都仰慕那個女生？我認為應該不只是因為她是美女，更何況美女並沒有明確的定義，每個人喜歡的類型不一樣，如果有一百個人，不可能一百個人都覺得是美女。因此，那個女生之所以受到眾人的仰慕，是因為她努力的結果。她總是面帶笑容，言談也很有分寸。如果她身材很好，一定是忍著不吃很想吃的甜點。最重要的是，一個人的美麗和好感往往來自表情。無論五官再怎麼漂亮，如果沒有表情，就和假面具沒什麼兩樣。

禪語中有一句話叫「**愛語**」。這是道元禪師在《正法眼藏》中所提到的話，也就是「**和他人接觸時，要隨時帶著體貼的心，只說溫柔的話語。在和他人相處時，須牢記這件事」的教誨**。受到眾人景仰的人，無論男女，都實踐了「愛語」。這是每個人都能夠做到的事。只要牢記這一點，並付出一點努力，任何人都能夠做到。在嫉妒他人之前，先採取行動更重要。**不要浪費時間去嫉妒別人，而是開始努力，努力成為理想中的自己。只要踏出這一步，就可以淡化嫉妒心**。

關於學歷的問題，我想要提一件事。我有一位朋友是大企業的高階主管。因為是一流的企業，所以公司內的確有很多高學歷的人材。但是，那位朋友和我分享了實際的情況，「在錄用考試時，東京大學的品牌百分之百有效。新進員工中，東京大學的畢業生也令人刮目相看。但五年之後，這種品牌力只剩下百分之五十。過了十年之後，到底是哪所學校畢業的根本無關緊要。重點在於工作能力強，就會受到肯定。公司沒這麼好混，不可能靠大學的名字混一輩子。在起點的時候，多少有一點優勢，但最終還是努力工作的人得到肯定。」

我認為比較和評價就是這麼一回事，某個價值標準不可能永遠持續，任何標準都會隨著時間，或是隨著當事人的意識發生改變。**不要被目前這個時間點所束縛，因為這種評價而輕視自己。即使目前感到自卑，時間也可以解決這種自卑。**

比方說，有些男性為自己身高不夠高感到自卑。在十幾二十多歲時，高大的男性的確很有魅力，也容易吸引女生，英俊的長相在年輕時也往往有加分作用。英俊高大的男人總是讓人羨慕。「真希望自己再高一點」、「我媽為什麼沒把我生得帥一點」，即使為這種事嘆息也無濟於事，每個人天生長相不同，這是無法違抗的命運。如果有閒工夫為這種事不開心，不如多多磨練自己。

個子不夠高的自卑差不多在三十歲左右就不會太在意。三十多歲之後，發現這種自卑在不知不覺中消失了。並不是因為長高了，而是發現個子高矮對工作沒有任何影響。外貌也一樣。只要用心投入工作，不斷努力的人，整個人都會綻放光芒。不是因為長相和身材，而是內在綻放出美麗。過了三十歲，等到四十歲後，內在的充實就會浮現在表面。為了讓未來的自己能夠發光，**要努力活在當下。只要牢記這一點，就可以大大減少不必要的嫉妒。**

◎別人是別人，我是我

禪語中有一句話叫做「**水急不月流**」。這句話的意思是：「**無論流水再怎麼湍急，也無法把映在水面上的月影沖走。**」這裡所說的流水應該就是指社會上發生的各種事，以及他人的言行。月影就是代表自己的心。這句禪語告訴我們，**無論社會多麼動蕩，無論別人說什麼，都不會改變我們的心，而且必須做到這樣**。

隨著資訊化的發達，每天都會接收大量資訊。電視上介紹著在社會上活躍的人生動的樣子。有些女性結了婚，生了孩子，同時經營公司。也有的年輕人大學畢業後就創立了公司，獲得了很大的成功。於是，那些評論家就大聲呼籲，女性也應該積極工作，年輕人應該有創業精神。

但是，人有所謂適不適合，也有擅長或不擅長，以及喜歡或不喜歡的問題。有些女性希望結婚後就走入家庭，專心照顧孩子。也有的年輕人不想創業，想要在現有的組織內發揮自己的實力。不需要所有人都走向相同的方向，而且也不可能做到。要用怎樣的方式工作？想要過怎樣的生活？想要邁向怎樣的人生？這些都必須問自己的內心，不要被外在的資訊迷惑，最重要的是面對原本的自己。

必須告訴自己：「**別人是別人，我是我**。」當然，任何人都無法無視社會和他人生活，無論自己喜不喜歡，還是會聽到、看到各種資訊。只要身處社會的流水之中，就不可能避開。這種時候，只要斜眼瞥向流水就好。啊，原來社會是這個樣子。啊，原來其他人都是這麼想的。但是，我不能隨波逐流，我要這麼想。因為「我是我」。

每天早晨洗臉時，問鏡子中的自己：「你覺得這樣好嗎？」「這是你想做的嗎？」「你的真心在哪裡？」只要短暫的時間就好，每天問自己的心。如果有明確的答案當然最好，即使找不到答案也無妨。必須隨時和自己的心靈對話。只要每天有一分鐘這樣的時間，就可以淡化和別人比較的癖性。

人生的答案不在社會上，也不在別人的言行中，只有鏡子中的自己才知道。

第5章

【浮躁癖】

調整心的簡單訣竅

調整心的方法

最近搭乘擁擠的電車時，發現很多人都很容易浮躁。有人搶著擠進電車，有人只要稍微被人碰到肩膀，就會用力咂嘴，然後用力瞪人。電車內的氣氛很緊繃。而且，看起來已經六十多歲的人並不是用溫柔的眼神看周圍的人，而是表現出浮躁的態度。在我小時候，六十歲的人都很溫和。五十歲後，心情就很平靜，也很照顧周圍的人，總是溫和而平靜，向來不浮躁。我認為這才是年歲的增長。

然而，在當今的時代，浮躁蔓延向各個年齡層的人，不知道是不是壓力社會造成的心病。浮躁的原因不勝枚舉，工作不順利，人際關係有問題，和家人的關係不好，人生朝向意想不到的方向發展。滿地都是浮躁的種子，這種原因也不可能完全消除。

不可能所有的工作都順利，也不可能和每個人都建立圓滿的人際關係。雖說是家人，不可能完全沒有不滿或是不如意，但是，即使浮躁，也無法解決問題。如果浮躁可以解決問題，當然就沒關係，問題是情況完全相反，越是浮躁，事情往往越無法順利。帶著浮躁的心情工作，工作當然不可能順利。如果見面的雙方心情都很浮躁，人際關係當然會受到影響。總之，浮躁有百害而無一利。

調整心很重要。只要調整好自己的心，不必要的浮躁就會消失。即使在電車上被人撞到肩膀，也完全不會在意。因為不在意，所以通勤搭電車時也不會有太大的壓力。調整自己的心，其實可以讓自己活得更輕鬆。

如何才能調整自己的心呢？佛教中有「三業」，分別是「**身業**」、「**口業**」和「**意業**」。首先必須調整「**身業**」，也就是自己的**行為舉止**。人的心會受到行為很大的影響，如果行為舉止慌亂，心也會感到慌亂；當行為舉止很急躁，心也會變得急躁。並不是因為心感到急躁，所以行為才會慌亂，而是慌亂的行為讓心感到急躁。**想要調整自己的心，首先要讓自己的行為舉止變得優美**。邁著輕鬆的步伐走去車站，從容地搭上電車。如果有人搶著擠進電車，可以讓對方先上車。這不是為了對方，而是為了自己。即使匆匆忙忙趕路，到公司的時間也一樣。即使搭下一班車，最多也相差十分鐘而已，所以乾脆提早出門，讓自己有可以等下一班車的餘裕。

其次重要的是「**口業**」，就是指**談吐**。當心情浮躁時，話中就會帶刺，說話的態度也會咄咄逼人。話語中有靈魂，一旦說出帶刺的話，對方也會敏感地感受到話中的刺。當彼此刺來刺去時，原本的小刺就會變成巨大的刀子傷害彼此的心靈，人際關係當然會受到負面影響。雖然說話時不至於要輕聲細語，但要**選擇優美的話語**，**用平靜的語氣說話**。對方就在眼前，不需要大聲說話。**雙方都用悅耳的聲音說話**，同時，**還要帶著柔和的表情**，要讓話語控制心情，不要說會惹惱對方的話。這才是「交談」。

看橄欖球比賽時可以發現，裁判說話都很溫和平靜，措詞也都很客氣。選手在比賽時情緒高漲，有時甚至會打起來。因為橄欖球本身就是雙方的身體直接衝撞的比賽，所以很容易情緒激動。這種時候，裁判就要用優美的話語勸選手，「請不要情緒化」、「請雙方都打一場美好的比賽」。如果裁判對著選手大吼：「幹什麼！住手！」選手的情緒一定會更激動。看橄欖球比賽就知道，裁判成功地用優美的話語平靜了選手的情緒。

當內心產生激烈的情緒時，不能直接說出來。有時候可能會對對方感到很生氣，有時候也會想對上司提出異議。但是，當內心產生這些情緒時，不能直接說出口。因為一旦直接把內心的情緒說出口，話中一定會帶刺。所以，必須先把話吞下去，把刺拔掉之後再說。

我建議每個人都可以有自己的咒語。當不小心情緒化時，可以在內心說三次自己的咒語。可以說「**鎮定鎮定鎮定**」，也可以說「**不生氣不生氣**」，或是「**真感恩啊**」，還有「**啊，我還活得好好的**」也無妨。**要有可以讓自己的心情平靜下來的咒語**，在內心說三次之後，再開口說話。雖然只是短短的幾秒鐘，但在說三次咒語的幾秒鐘，可以拔掉話語中的刺，讓心情冷靜下來。

調整了「身業」和「口業」之後，也就自然調整了「意業」。這三者缺一不可。言語粗暴時，心情不可能平靜；舉止粗魯時，也不可能有美好的心。必須牢記三位一體，才能夠做到。

◎慢慢吐氣

消除浮躁的另一個重要的方法就是呼吸。我們僧侶在坐禪時，將注意力集中在呼吸上。並不是隨便呼吸，而是專心用丹田（肚臍下方約兩寸五分的位置）呼吸，也就是腹式呼吸。所謂「呼吸」，就是先有「呼」，才有「吸」。「呼」是指吐氣的意思。當吐氣之後，自然就會吸氣。因為不吸氣就會死，即使沒有特別意識到要呼吸，也會自然吸氣。**重要的是將注意力集中在吐氣這件事上，**

將意識集中在丹田，慢慢吐氣。重複三次，心情就可以漸漸平靜下來。

相反地，不妨思考一下情緒浮躁時的情況。情緒浮躁時，忍不住火冒三丈，說一些攻擊性的話，或是衝動地做一些行為。這種時候，一定是用胸式呼吸。肩膀起伏，用胸腔呼吸。用胸式呼吸時，呼吸會越來越急促。急促的呼吸會讓情緒更浮躁。這種時候，就要採用腹式呼吸。用腹部慢慢把氣吐出來，只是這樣一個簡單的動作，就可以改變心情。

每天早晨醒來時，花五分鐘靜靜地用丹田呼吸。當心情平靜之後，再開始工作。雖然早晨調整了自己的內心，但在每天的工作中有很多壓力，有時候感情也會滿溢出來，也會忍不住浮躁。因為我們是凡人，這種情況在所難免，但是，不能夠讓這些浮躁的情緒留到隔天。因此，可以在睡前花五分鐘，再度靜靜地用丹田呼吸。早晚各五分鐘，在一天二十四小時之中只佔了不到百分之一的時間，但這麼一點時間可以讓心情恢復平靜，當天的浮躁要趁當天消除。

我想要把「**日日是好日**」這句話贈送給各位。這句話的意思並不是說每天都是好日子。有**不順心的日子，也有如意的日子；有平靜的日子，也有浮躁的日子。但是，無論是怎樣的日子，對自己來說，都是有意義的日子**。不要去比較「好日子」還是「壞日子」，而是無論是怎樣的日子，對自己來說，都是無可取代的一天。對事情的看法和想法，決定了心態。當帶著浮躁的心情觀察時，所看到的風景就很負面；心情平靜地觀察時，就變成一片美麗的風景。**我們每個人都生活在「好日」中**。

伸手可及的浮躁和無能為力的浮躁

在分析**浮躁的原因**時，發現浮躁可以分為兩大類。第一類是**自己的內心和行為造成的浮躁**。在公司內，雖然大家都做相同的工作，有人一直很浮躁，但有人可以順利完成工作。雖然公司方面會認為這是有沒有工作能力的問題，但我認為並不是能力的差異。因為能力和才能並不會有這麼大的差異。雖然有人具有特殊的能力，但這種人只佔總人口的百分之幾而已。而且，這種人也不是一開始就能力很強，而是經過日積月累的努力，才終於具備了這些能力。歸咎於工作能力的強弱，等於是逃避自我。

既然這樣，**整天浮躁的人和能夠順利完成工作的人有什麼差別？我認為關鍵在於使用時間的方法**。假設眼前有十件該做的工作，看到這麼多工作，會一下子陷入恐慌。每項工作都有截止期限，所以必須趕快動手，於是就開始同時做好幾件事，也就是所謂的「分心工作」，同時做兩三項工作。雖然乍看之下以為節省了時間，但其實反而成為耽誤工作的原因。

我除了寺院的工作以外，還有大學教授的工作，和「禪庭」的設計工作。除此以外，還會接到出版社邀請寫書的工作，所以我的工作經常堆積如山。但是，即使面前有十項工作，我也不會焦急，更不會浮躁，而是先審視所有的工作，找出其中最困難的工作。「**這項工作好像很難**」、「**這項工作看起來很辛苦**」，**我會先找出這樣的工作，然後最先著手這項工作**。遇到困難、辛苦的工作，人總是想要往後挪。如果往後挪能夠讓工作消失也就罷了，但問題是最後還是必須處理這項工作。把困難的工作越往後挪，就越有心理負擔，所以要最先著手最困難的工作。即使需要花一點時間，也要專心完成這項工作。於是，接下來都是簡單的工作，心情也會很輕鬆。

日常生活也一樣。名為雲水的修行僧每天早晨四點起床，三百六十五天，無論夏天還是冬天都一樣。起床之後，先進行名為「曉天」的晨間坐禪，接著開始唸經。唸完經後，開始打掃走廊、殿堂和寺院的庭院。

也就是說，僧侶都在早上完成該做的工作，然後在下午做規定的工作，或是縫補破洞的工作衣，也有人讀書。我每天早晨四點半起床，雖然不會參加曉天坐禪，但和修行僧一起唸經後，才開始做寺院以外的工作。我是建功寺的住持，對我來說，寺院的工作當然最重要。我會**在早晨完成這些最重要的工作，之後就能夠帶著平靜的心情處理其他工作。**

每天都會不斷有該做的事冒出來，這個絕對要在今天之內完成，那個也必須趕快做。在面對各種該做的事時，首先處理最棘手的工作。不必浪費時間思考「該怎麼辦？真麻煩啊」，而是馬上採取行動。不要把麻煩的工作往後挪，而是最先處理完畢。只要用這種方式使用時間，就可以減少日常生活中的壓力。

仔細思考一下。假設眼前有十項工作，當然不可能同時進行十項工作，只能實際做其中一項工作。這種逐一的累積對工作非常重要。

俗話說，「**竹有上下節**」。顧名思義，就是竹子的上下都有節。**正因為有竹節，竹子才能夠長得筆直。因為有竹節的支撐，竹子才能夠這麼挺拔**。工作也一樣，無法逐一完成每一項工作，就無法做下一項工作。因為無法同時做好幾項工作，有些人看起來好像同時做幾項工作，但這種人往往在做這項工作時，想著另一項工作。他們不是專心處理眼前的工作，而是在工作時，也想著其他的工作，結果就會導致失誤。一旦發生失誤，就會浪費更多時間才能彌補。

舉一個簡單的例子。比方說，有人經常會把茶打翻。因為他在倒茶時，腦袋裡在想其他的事。一邊倒茶，一邊想著接下來要準備點心。之後要去廚房把還沒洗好的碗盤洗完。感覺好像做事很有條理，但反過來說，就是沒有專心倒茶。因為心不在焉，所以就會把茶打翻。一旦打翻了茶，就必須擦桌子，結果反而增加了更多工作。看似在有效利用時間，其實是在浪費時間。打翻茶之後，心情就很浮躁。自己犯了錯，卻又自己浮躁，這也未免太滑稽了。

日常生活要避免不必要的浮躁，最好的方法，就是專心做每一件事。這是任何人都能夠做到的事，只要稍微用點心，可以從今天就開始做到。要為每天的生活建立明確的「竹節」。

◎杜絕因人際關係而浮躁的訣竅

有些**浮躁的原因**，根本**無法靠自己的能力解決**。這些浮躁的原因已經超出了自己的能力範圍，而且大部分都是來自人際關係。對方的行為無法如自己的意。自己的想法無法傳達給對方。對方和自己的處事方法不一樣。總之，和對方行為之間的微小落差，往往是造成浮躁的原因。

比方說，在公司內，主管向下屬發出指示。之後問下屬：「上次交代的工作已經做好了嗎？」下屬回答：「我還沒做。」主管就會忍不住滿臉浮躁，同時在心裡嘀咕，「這麼簡單的工作，為什麼要花這麼長時間？」「如果我自己做，早就完成了」、「這個下屬難道不理解我的意圖嗎？」

我完全瞭解主管的這種心情。我有時候也會請兒子和女兒幫我做事。「這個幫我做一下。」我會請他們幫忙一些小事。「好。」雖然他們一口答應，卻遲遲不動手。「為什麼不馬上幫我做？」有時候我會忍不住納悶，但原因大部分都在我身上。如果我明確告訴他們「什麼時候之前」完成，他們一定會完成，但我沒有交代時間，所以雙方的理解就會產生落差。換成是我，會立刻著手別人請我幫忙的事，但我和兩個孩子的步調不一樣。要求對方配合自己的步調是一種傲慢的行為。

人際關係中所產生的浮躁，原因大部分都在感到浮躁的那一方，期待對方會按自己的方式做事。這根本是異想天開。如果明確告訴對方也就罷了，否則對方根本不可能知道你的想法。而且，每個人的步調、處事方式都不一樣，有的人是急性子，有人是慢郎中；有人做事俐落，有人慢條斯理。其實步調的差異並沒有想像中那麼大。工作速度的快慢，其實也沒有太大的差別。因為工作速度極端慢的人，根本不可能在組織中生存。也就是說，既然在同一家公司，就代表彼此的差異微乎其微。因為對這麼微乎其微的差異太敏感，結果就浮躁不已。難道不覺得為這種小事浮躁很吃虧嗎？

我們無法靠自己的力量改變對方，周圍人不會按照我們的想法做事。這些都是誤會和傲慢，**既然無法改變他人，我們就只能改變自己的想法和看法**。

假設說，有人每次約會都會遲到。約了十點見面，對方每次都十點十五分才出現。雖然只是短短十五分鐘，但等的人總是忍不住心浮氣躁。已經提醒對方好幾次「不要遲到了」，但對方每次都不準時。也許這種人有點任性。

遇到這種人，就乾脆放棄。如果約定十點，自己也晚十五分鐘抵達。如果無論如何都不能接受，就不必勉強和這種人來往。如果非來往不可，那就只能配合對方的步調。因為自己無法改變對方，不妨接受對方就是這種人。

如果因為人際關係感到心浮氣躁，就睜一隻眼，閉一隻眼，然後告訴自己「我不可以像他那樣」，至少不要讓別人對自己感到心浮氣躁。**有一句話叫做「引以為戒」，這也是促進自己成長的動力**。

擁有孤獨時間的重要性

手機、電子郵件，各種方便的工具持續問世。在短短二十年期間，這些工具在轉眼之間就風靡了整個世界。工作上有了這些工具，的確非常方便。不需要找公用電話，也可以隨時聯絡對方。即使是深夜，雙方也可以用電子郵件對話。只要妥善運用，這些工具會對工作大有幫助。

但是，這些便利的機器也的確成為浮躁和壓力的原因。朋友之間用通訊軟體聯絡，當收到對方的訊息後，就必須馬上回覆。聽說如果已讀不回，朋友關係就會生變。原本以為只是中學生或高中生會有這種情況，如今似乎連大人的世界也一樣。

世界的速度越來越快，大家都以為越快越好。工作當然要追求速度，但在追求快速的過程中，也可能遺忘某些事。那就是自己仔細思考的作業。因為只注意到彼此的對話，掩蓋了自己內心真正的想法。只注重表面的交往，看不到彼此的真心，於是就出現了希望能夠靠通訊軟體維持關係的欲求。

大約二、三十年前，隨著電腦的普及，公司也開始使用電子郵件後，大家都熱烈討論一件事。「以後即使不去公司，在家裡也可以工作」、「出現了這些方便的機器後，應該可以大幅縮短工作的時間」、「工作時間縮短，應該會有更多休閒的時間」，好像即將迎接燦爛的人生。

在電腦出現之前，每一項工作都很費時。聯絡客戶時，首先要打電話給對方。負責的窗口通常都很忙，所以遲遲聯絡不到。如果打了好幾通電話都找不到人，就只能隔天再打。因為即使晚上打電話到對方公司，對方也已經下班了。

有時候只能放棄打電話，改用寫信的方式聯絡。光是這樣的過程，就耗費了兩天的時間。如今只要寄電子郵件，對方馬上就可以收到。即使不在公司，也可以馬上看郵件的內容。無論在哪裡，都可以馬上聯絡。雖然這個世界變得如此有效率，但從來沒有聽到有人說工作變輕鬆了。

上班族仍然每天擠通勤電車去上班，即使知道颱風即將來襲，仍然千方百計想要趕去公司。照理說，工作時間應該可以縮短，但仍然有很多人加班到深夜。仔細想一想，不覺得很奇怪嗎？這並不是以人為主體工作，而是被機器支配。我認為這正是浮躁到處蔓延的原因。

我們差不多該意識到，便利的東西並不一定都會帶來正面的幫助。人類在面對不方便時，才會開始思考。正因為想要改變不方便，才會創造智慧。我們也必須瞭解到，便利的東西會奪走人類原本的思考能力，妨礙想像力和智慧的誕生。**不能讓便利的「東西」把自己的心逼入絕境**。因為便利性而導致的浮躁，會像流行性感冒一樣到處傳染。每個人必須改變心態，才能夠阻止這種情況。

◎創造獨處的時間

我**建議每個人應該有讓自己面對孤獨的時間，擺脫浮躁的漩渦，創造獨處的時間**。比方說，每週安排一天，或是幾個小時也無妨，讓自己擺脫這種漩渦。清晨早起後，去海邊或山上。即使不去遠方，也可以讓自己身處大自然之中。不要帶手機出門，在這段時間內，完全把工作拋在腦後。身處大自然中，面對自己的心。「我對目前的生活方式滿意嗎？」「我走在自己堅信的道路上嗎？」

「什麼是我該做的事？」不妨問另一個自己這些問題。即使沒有答案也無妨。因為身陷孤獨，自問自答才是重要的事。

不要害怕孤獨。孤獨和孤立是兩回事。孤立是和任何人的心都沒有交集的狀態，孤獨卻不一樣，即使只有一個人，心也和別人連在一起。即使獨自眺望大海，心裡卻想著重要的人。「不知道父母身體好不好」、「不知道老同學最近怎麼樣」、「不知道孩子有沒有在等我回家」。即使不傳電子郵件，**這份心意也一定可以傳達給對方**。即使不打電話，父母也聽到了你的聲音。這就是佛教中所說的「**以心傳心**」。

對於深受壓力之苦的人，我還有一個提議，那就是**去掃墓**。當因為工作和人際關係煩惱而感到浮躁時，務必去掃墓。把祖先和父母沉睡的墳墓打掃乾淨，然後獻上花，再點上線香，靜靜地合掌。在線香燒完之前，和離開人世的父母或祖父母說話。

不管說任何事都沒關係。可以訴說無法向家人啟齒的煩惱，也可以抱怨工作不順利，也可以問自己人生的方向。總之，只要靜靜地坐在墳墓前對他們說話。這種時候，任何人都不會感到孤獨。即使看不到祖先的身影，也知道祖先在那裡，知道有人願意傾聽自己的心聲。而且，在墳墓前說的話，會變成一股溫柔的力量回到自己身上。這正是孤獨的意義。沒有任何人會在掃墓時感到心浮氣躁。**站在墳墓前時，每個人都會感受到心靈的安寧**。

也許有人很想去掃墓，但祖先的墳墓在很遠的地方，不方便經常去掃墓。也有很多人離開故鄉，去大城市打拚。每年只有中元節的時候才會去掃幕的人，可以在自己家裡設置佛壇。不需要那種很高級、很大的佛壇，目前店裡都有賣適合公寓的小佛壇。在家裡設置佛壇後，養成每天祭拜祖先的習慣。不需要每天都插鮮花，早上趕著出門時，只要點一支線香就好。**養成每天對著佛壇合掌的習慣，即使只有幾秒鐘也無妨。在佛壇前合掌的瞬間，正是身處孤獨的時間，也是擺脫浮躁漩渦的時間，更是能夠自問自答的時間。這樣的時間一定可以拯救你的心靈**。我對此深信不疑。

當父母每天都在佛壇前合掌祭拜時，小孩子都會看在眼裡。即使不太瞭解祖先是什麼意思，即使不瞭解佛壇的意義，父母靜靜祭拜的身影會一直留在他們的記憶中。奇妙的是，從小看著父母在佛壇前祭拜身影長大的孩子，長大之後也很平靜穩重，家裡也沒有浮躁的氣氛。我認為這才是父母該在孩子心中留下的東西。

我有一位施主在年幼時，母親離開了人世。那時候他還沒有讀小學，每逢月忌日，他父親就牽著他的手來掃墓。但是，半年之後，他的父親也不再出現。因為工作太忙碌，無法每個月都來掃墓。他每次都跟著外婆一起來，外婆牽著他的手，每個月都會出現一次。他讀完小學，升上了中學，逐漸長大之後，由他牽著外婆來掃墓。我總是面帶微笑地看著他們，但從某個時期之後，就再也沒有見到他的身影。不知道是他升上高中後太忙了，還是外婆身體不好。日子就在我的擔心中一天一天過去。

十幾年後的某一天，我看到一對年輕夫妻來掃墓。我一眼就認出就是當年那個男孩。已經又高又大的他身旁有一個小男孩。當年跟著外婆來掃墓的小男孩，如今帶著自己的兒子來掃墓。我看著他們，忍不住熱淚盈眶，然後對著他們一家人靜靜地合掌。

他在年幼時失去了母親。雖然很令人難過，但我相信他絕對不孤立，他的心隨時和家人相連。這就是**人與人之間的羈絆**。這種羈絆不是在電腦螢幕中，而是在**彼此的心裡**。只要深信這一點，我相信心情就能夠稍微平靜。

第6章

【虛榮癖】

尋找讓自己坦誠的場所

更高一級的虛榮

每個人都有忍不住虛榮一下的癖性。希望自己走在別人前面半步，希望自己看起來比原本的樣子更英俊瀟灑。這是社會性動物的本能，在某種程度上來說也是無可奈何的事，但虛榮也是一種煩惱。

在這種虛榮中，「更高一級」似乎成為一個關鍵字。也就是說，希望自己比普通人稍微好一點。比方說收入，並不是想要什麼天文數字的收入，也知道自己沒那個能耐，但希望比周圍的人稍微高一點。只要自己稍微努力一點，或許可以做到。正因為有這樣的期待，所以才會覺得這句話很吸引人。

但是，這種「等級」到底是什麼？是誰決定的「等級」？在運動界，有明確的世界排名，但我們生活中所說的**「等級」到底是代表什麼？其實根本沒有這種東西**。只是自己和別人比較，或是受媒體報導的數字影響，自己擅自創造出來的。根本沒有明確的基準，簡直就像在等級的亡靈中徬徨。

說到虛榮，我認為可以分為兩種。**一種是對自己的虛榮，另一種是對他人的虛榮**。妥善運用對自己的虛榮，可以促使自己進步。比方說，在我小時候，社會上普遍認為男孩必須堅強。感冒發燒時，大人會說：「你是男孩，只是發燒而已，不可以叫苦。」不小心受傷時，父親也會對我說：「你是男孩，受這麼點傷有什麼好哭的。」也就是叫我要有身為男人的虛榮。姑且不論這種教育是好是壞，以結果來說，的確讓我變得堅強了。也許這不能算是虛榮，而是逞強。這並不是和他人比較，而是克服自己內心的脆弱。

對自己虛榮，有時候可以讓自己成長。在公司內，可以挑戰稍微超出自己能力範圍的工作。雖然上司會擔心地問：「沒問題嗎？」但還是態度堅定地回答：「沒問題，請交給我吧。」雖然自己很清楚，這是為了面子在逞強，但是，為了面子，無論如何都會努力完成這項工作。在咬牙努力工作的過程中，可以湧現以前不曾有的力量。把虛榮當成動力，結果就在工作上更高了一級，更上了一層樓。

還有一種愛用名牌的虛榮。日本人很崇尚名牌精品，所以這些名牌精品在日本人氣不減。想要用比別人好一點的高級皮包。想要戴讓朋友感到羨慕的手錶。名牌精品是刺激虛榮心最好的工具。即使滿身名牌，也無法證明這個人本身很出色。雖然可能很有錢，但也只是有錢人而已，人的本質並沒有任何改變。雖然知道這樣的道理，但還是忍不住在意名牌精品的價值。看到身穿高級西裝的人，就覺得一定是在社會上很有成就的人。正因為很多人都有這種妄想，所以名牌精品始終大行其道。

但是，**我並沒有否定愛用名牌這件事。如果想要名牌精品，我也不反對別人去買。只不過不能為了虛榮而已，必須為了激勵自己愛用名牌**。假設買了一個超出自己薪水範圍的手錶，雖然知道自己還配不上這個手錶，但還是想要戴這個高級手錶。每天看著這個手錶，就努力讓自己配得上這個手錶。當自己終於配得上這個手錶時，就再買一個更高級的手錶。隨時意識到稍微高一點的目標，然後努力達到那個目標。如果能夠用這種方式思考，名牌精品就成為自我提升的工具。

在這種情況下，自己所認為的等級，絕對不是和他人比較，而是比較今天的自己和昨天的自己，比較自己目前的實力和一年前的能力。也就是說，在自己內心有明確的標準。**要讓自己比一年前更高一級**，要持續培養實力，讓明年比今年更上一層樓。**這種想法就是對自己虛榮**。

◎坦誠表現自己「真實的樣子」

必須改正在他人面前虛榮的行為。因為這種行為毫無意義，而且還會自我貶低。因為在他人面前虛榮的行為，其實就是欺騙自己。

比方說，和幾個朋友相約一起吃午餐。其他幾個人說，要去飯店吃三千五百圓的午餐，但自己的薪水不高，吃不起三千五百圓的午餐。與其花這些錢去吃午餐，還不如買東西給家人。這種時候，虛榮心就會探出頭。「如果拒絕，他們就會知道我沒錢」、「如果拒絕，他們以後可能就不再邀我了。」因為產生了這種恐懼，所以就忍不住答應「好啊」。因為虛榮，所以對自己覺得「花這種錢不值得」的想法說了謊。我認為這種行為很不足取。

如果吃不起三千五百圓的午餐，就可以大大方方拒絕，要有實話實說的勇氣，「對不起，對我來說太貴了」。這根本不丟臉，而且，如果那些朋友因為你拒絕就離你而去，那就沒必要勉強和這種朋友交往。**必須靠虛榮才能交往的朋友，根本不算是真正的朋友**。

然而，在現實生活中，很多人誤以為即使打腫臉充胖子，也必須和這種朋友交往。因為不想破壞這種膚淺的關係，所以就勉強自己迎合他人；為了避免遭到排斥而打腫臉充胖子。這樣過日子難道不累嗎？

要打腫臉充胖子過日子，日子會過得很辛苦。**如果是自己的心能夠承受的虛榮也就罷了，如果會壓垮自己的心，應該趁早放棄**。這種虛榮只會帶來負面影響，絕對不可能有正面的幫助。如果有人因為打腫臉充胖子感到痛苦，不妨重新檢視一下人際關係。在停止打腫臉充胖子的同時，也要和那些逼迫自己必須這麼做的人保持距離。周圍的人並不會因為這樣就完全離開，一定會有能夠真心交往的人。當自己不再打腫臉充胖子後，也會有很多人同樣不再追求虛榮。因為虛榮這種事都是相互的，當其中一方不再虛榮後，對方也會放棄虛榮的行為。這樣才能建立真正的人際關係。那些愛慕虛榮的人可以繼續和其他愛慕虛榮的人繼續打腫臉充胖子，不需要加入他們。

所謂面子，其實就是空洞的裝飾。一再修飾真正的自己，就會漸漸迷失真正的自己，這樣無法活出自己的人生。如果活在和他人比較之中，就必須隨時尋找比較的對象，而且是尋找比自己差的對象，在和這樣的對象比較之後感到滿足。這樣的生活方式會帶來充實感嗎？我完全不這麼認為。

保持自己「真實的樣子」，才能夠得到真正的幸福。以前是有嚴格身分制度的時代，千利休努力在茶道的世界推廣「真實的樣子」的重要性。利休的茶室中設置了「躪口」，也就是從茶庭進入茶室的小門。那是一個長方形的小門，成年男子勉強可以鑽進去。利休的茶室也經常有武士出入，在那個時代，武士是身分制度中最高等級的人物。

但是，武士想要從「躪口」進入茶室時，必須拿下身上佩帶的長刀和短刀。利休所設計的「躪口」大小，讓武士必須拿下刀子才能進入。所以，那些武士只能拿下刀子寄放後進入茶室，然後以「真實的樣子」面對利休。不佩帶刀子的武士就只是「普通人」，回歸了赤裸裸的自己。刀子就是武士的虛飾，是為了顯示自己高貴身分的虛榮。當放下這種虛榮後，他們就會發現那只是虛飾。當展現出「原本的自己」，彼此就可以建立平等的關係。利休透過茶室，讓那些武士瞭解到這一點。

注視「真實的自己」。擺脫虛飾，注視赤裸裸的自己。為了提升自我而虛榮。任何人都希望更上一層樓，這並不是壞事，但是，比較的「等級」在自己內心，不是由社會決定，也不是周圍的人所決定的，而是應該由「真實的自己」來決定。

假裝幸福的虛榮

自古以來，男人向來很愛打腫臉充胖子。想要讓自己看起來更了不起，想要讓自己看起來在社會上很成功，想要讓自己看起來比別人優秀。也許是因為男人這方面的欲求比較強烈的關係。其實在現代社會也一樣，男人想要出人頭地，想要賺很多錢，也都是為了滿足這種虛榮。說起來，男人的虛榮都很簡單易懂。

相較之下，女性的虛榮好像不太一樣。我和本書的責任編輯聊到這個問題時，她這麼對我說：「女性都強烈地認為必須讓自己看起來很幸福。即使其實並不幸福，也會在周遭的朋友面前表現得很幸福。我認為女性有這種獨特的虛榮。」

如果真的像那位編輯所說，女性很希望別人認為她們很幸福，那就是一件痛苦的事。想要交男朋友，卻遲遲交不到男朋友。不知道是否認為沒有男朋友就等於不幸福，所以表現出不想要交男朋友的態度。或是雖然和丈夫感情不好，卻假裝家庭很幸福。總之，就是發揮演技，讓自己看起來很幸福。扮演幸福的自己到底有多大的意義？這已經不是虛榮、愛面子而已，而是膚淺的虛榮心。

在此稍微談論一下幸福是什麼。禪中有一句話叫做「**心外無別法**」，這句話的意思是「**所有的現象皆因自己的心而起**」。也就是說，幸福或是不幸並沒有具體的樣子，也無法列出這是幸福，這是不幸，全都是自己心靈的感受。

比方說，有人認為只要有錢，就可以幸福。果真如此的話，到底要有多少錢才能幸福？有一千萬圓就可以幸福了嗎？有一億圓存款，就可以有幸福的人生嗎？答案並不在於金錢。有人雖然月薪只有二十萬圓，卻覺得自己很幸福。也有人月薪一百萬圓，仍然不滿足。因為不是由金額決定，而是自己的心決定的。生活的確需要金錢，沒有錢也很傷腦筋，但沒錢並不等於不幸。

沒有男朋友，或是年過三十還沒有結婚就等於不幸嗎？為了想讓自己看起來幸福，和自己並不喜歡的男性交往，或是在妥協後結了婚，這樣幸福嗎？如果自己感覺到幸福，當然可以這麼做。無論別人說什麼，只要自己感到幸福，就可以這麼做。因為每個人對幸福的感受不同，**最重要的是找到能夠讓自己發自內心感到滿足的事**。

幸福不是「存在」的東西，必須靠「感受」，不是要「得到幸福」，而是努力成為「能夠感受幸福的人」。不幸也一樣，即使身處相同的狀況，有的人覺得自己很不幸，也有的人覺得沒什麼。為什麼會有這樣的差異？因為覺得自己不幸的人整天都在尋找不幸。

在我們生活周遭，有很多幸福的種子和不幸的種子。任何事都同時具有幸福和不幸的兩面。既然這樣，要撿起自己身邊的什麼種子？整天怨嘆自己不幸的人，應該整天都在撿不幸的種子。或是即使撿起了幸福的種子，也會培育成不幸的樹木。這種人永遠都不可能感受到幸福。

許多女性都有「必須讓自己看起來很幸福症候群」，為什麼會有這種想法？八成是因為太在意社會的「常識」和「正常」的幻想了。「三十歲之前結婚才正常」、「四十歲之前生孩子才正常」、「丈夫當然要拿薪水回家」、「把孩子教育得很出色是理所當然」，社會上存在著這些幻想。

三十歲前不結婚就無法幸福嗎？四十歲之前不生孩子不行嗎？因為丈夫遭到裁員，全家就真的陷入不幸嗎？認定三十歲之前不結婚，就無法幸福只是成見而已。如果丈夫遭到裁員，夫妻兩人可以同心協力守護家庭，夫妻之間就可以建立起深厚的感情。不要對眼前發生的所有事評斷幸福或不幸。**因為一旦認為自己不幸，就會真的陷入不幸**。不要被社會的幻想影響，**不必在意他人的眼光，要感受自己的幸福**。只要你沒有重大疾病，每天吃飯不愁，就已經很幸福了。不需要假裝自己幸福，「幸福的演技」不可能持久，不是因為會被別人識破，而是持續偽裝，會讓自己很痛苦。

要有一顆能夠在生活周遭發生的小事中感受幸福的心，要具備對生活周遭

發生的壞事感到麻木的堅強，擺脫想要假裝自己很幸福的空虛想法。這才是幸福生活之道。

◎不炫耀幸福

有人打腫臉充胖子，想要假裝自己很幸福，也有的人喜歡到處炫耀自己的幸福。「我升職了，當了這麼大的主管」、「我嫁給這麼優秀的菁英」、「我現在太幸福了」。我認為像這樣炫耀自己的境遇也是一種虛榮，而且，我也不認為這種行為很美好。

那些喜歡炫耀自己幸福的人，內心必定隱藏著「不安」和「焦慮」。「萬一失去了眼前的幸福怎麼辦？」「無論如何都不能放棄眼前的幸福」。正因為他們內心有這種想法，所以想要炫耀這種幸福，不願面對這種想法。正因為他們知道自己的幸福岌岌可危，所以才拚命想要告訴別人。**內心感到充實的人，絕對不會炫耀自己的幸福**。

人生有順境，也有逆境；有抬頭走上坡的時候，也有低頭走下坡的時候；有感受到幸福的日子，也有稍微不幸的時候。**相同的狀態不可能一直持續，古話說，「因禍為福，成敗之轉，譬若糾墨」，人的一生中，有晴天，也會有雨天。這就是人生**。

當一切都很稱心如意時，每個人都會想要炫耀，想要吹噓一下。這也是人之常情。但是，越是這種時候，越要顧慮到他人的感受。比方說，在公司升了職，同事都紛紛祝福。「太好了。」「你太厲害了。」面對同事的祝福，只要簡單地說一句：「謝謝」就好，不要多說其他的話。因為無論說什麼，對方都會覺得在自吹自擂。即使完全無意炫耀，聽在對方耳裡，會覺得是在吹噓。越是順利的時候越要有謙虛的心。

相反地，當身處不幸的狀況時，也不要大肆宣揚「我這麼不幸」、「我遭遇了這樣的災難」。有時候的確會遇到困難的狀況，但如果整天把不幸掛在嘴上，會讓對方不知如何是好。大肆宣揚自己的不幸背後隱藏著「嫉妒心」和「脆弱」。當言語中曝露出這種嫉妒心和脆弱時，就會讓對方感到害怕。

無論身處怎樣的境遇，都不要炫耀，也不要宣揚，避免虛榮的言行舉止。

我認為這才是美好的生活方式。愛面子是人之常情，也不難理解希望別人覺得自己過得很幸福的心情，但是，不妨在鏡子中看看自己打腫臉充胖子的樣子。鏡子中的自己怎麼樣？看起來幸福嗎？

努力建立溫暖的人際關係

在和他人的關係中，才會有打腫臉充胖子的行為。比方說，一個人在無人島上，就不可能有虛榮。因為沒必要讓自己看起來比實際更好，偽裝也沒有意義。正因為有旁人，才會想要讓自己看起來更好。這是理所當然的事。

如果向來不展現真實的自己，總是打腫臉充胖子，日子不是過得很累嗎？在社會上，有時候也許真的需要打腫臉充胖子，也需要偽裝一下自己。在社會上生存就是這麼一回事。正因為這樣，**更需要建立能夠展現真實自己的人際關係。在這個人面前，可以展現真真實實的樣子。包括自己的脆弱在內，可以傾**

吐真心話。**必須要有這樣的朋友**。這樣的朋友不需要多，不可能有幾十個知心的朋友，只要有一兩個就夠了。那是不需要偽裝自己，彼此不需要打腫臉充胖子的關係。一定要有這樣的朋友。

如今，在LINE和Facebook上可以結交很多網友，和以前相比，「朋友」多了好幾倍。但其實這些都只是泛泛之交，而且，這種「朋友」越多，就越會打腫臉充胖子。為了讓大家喜歡，為了得到大家的支持，又不得不偽裝自己。不要被「朋友越多越好」、「沒朋友很丟臉」這種幻想束縛，要結交知心的朋友。這**唯一的朋友一定可以讓你的人生更富足**。

最重要的當然就是家人。自己的父母、伴侶和孩子。我認為**珍惜家人，就是走向幸福的捷徑**。我們因為緣分，成為父母的孩子；因為緣分，和目前的伴侶結婚，而且在這個緣分的引導下，有了共同的孩子。因此，必須感謝這些緣分。

現代社會逐漸核心家庭化，通常沒有和父母同住，兒女也獨立離家。雖然我一直認為，三代最好能夠在同一個屋簷下共同生活，但有時候實際狀況並不允許大家住在一起。正因為我們身處這樣的社會，所以更要隨時重視家人的緣分。不知道老家的父母身體好不好？當腦海中閃過這個念頭時，就立刻打電話回家。現在用手機打電話很方便。「你們還好嗎？沒感冒吧？」只要這樣問候一兩句話就好，電話中會傳來母親的聲音，「你也好嗎？」這樣簡短的對話不到一分鐘，但這樣的對話能夠讓我們找回自己，擺脫身上毫無意義的偽裝。這就是家人存在的意義。

家人共同生活在同一個屋簷下是一件重要的事。無論再怎麼忙碌，全家人至少要一起吃早餐。即使經常出差，週末也一定要安排時間和家人共處。即使小孩子獨立離家之後，每個月也要聚一次。在這樣溫暖的時間中，每個人可以找回逐漸迷失的自我。

同時，要**隨時祈願家人的幸福**。我認為幸福不在個人的滿足感中，而是在所愛的人臉上的笑容中。比方說，夫妻一起出門吃飯。兩個人開始討論要吃什麼。雖然丈夫想吃清爽的蕎麥麵，但太太想吃中餐。遇到這種情況時該怎麼辦？吃自己想吃的蕎麥麵，的確會感到滿足，中餐太油膩，不太想吃。即使如此，先生還是滿足太太的願望，一起去吃中餐。太太一邊吃，一邊開心地說：「真好吃。」看到太太的笑容，丈夫也覺得自己沉浸在幸福之中。回家的路上忍不住想，「去吃中餐果然是正確的決定」。這種溫馨的時間，可以增進家人的感情。

夫妻之間不要相互打腫臉充胖子，家裡的氣氛要溫暖和溫馨。我認為這是讓彼此感到幸福最理想的方法。

我經常說，只要一句話，就可以在家中吹起溫暖的風。早晨起床時，互道「**早安**」。吃完飯後說：「**我吃完了，真好吃。**」如果太太熨燙了衣服，或是丈夫幫忙倒垃圾，就要說聲「**謝謝**」。千萬不要忘記這簡單的一句話有多麼重要。無論是怎樣的人際關係，無論怎樣濃密的交談，都是從一句簡單的話開始。「**你好**」、「**很高興認識你**」、「**謝謝**」。**誰都知道的簡單話語，可以讓彼此打開心房**，吹起溫暖而幸福的風。

◎尋找讓自己能夠坦誠的場所

每個人都想要打扮自己。穿上高級西裝，戴上昂貴的手錶，得意地遞上印了頭銜的名片。為什麼會感到得意？因為這個社會都靠外表判斷一個人，不是看一個人的本質，而是看精心打扮的表面，這或許也是社會的現實。一個人的價值不是由表面決定，而是要視本質。生活在精心裝飾的世界，每個人或多或少都會有這種想法。**一個人的本質到底在哪裡？**要怎樣才能看透一個人的本質？雖然很難看出一個人的本質，但我要介紹一個故事，或許可以帶來啟示。

創辦京瓷的稻盛和夫先生是讓日本航空重生的知名企業家。這是稻盛先生出家修行時期的故事。身為修行僧的稻盛先生外出托缽乞食時，挨家挨戶地去化緣，我相信各位讀者應該也看過僧侶在街上托缽化緣。

這種托缽的修行也稱為乞食行或頭陀行，出家的僧侶帶著缽去街上化緣。印度自古以來就有化緣的習俗，佛教從很久以前就有化緣，在中國和日本的禪宗中也很盛行。稻盛先生在自己的著作中，提到了有一天外出化緣時發生的事。那是初冬的寒冷季節，他和前輩修行僧一起辛苦托缽化完了緣，在傍晚準備回去寺院時，從草鞋中露出來的腳趾被柏油路面磨破了皮，滲著血。

稻盛先生和其他修行僧滿身疲憊，拖著沉重的步伐走回寺院的途中，來到一座公園附近時，一個身穿工作服，在公園打掃的老婦人看到了他們，一隻手拿著掃把跑向他們。然後把握在手心的五百圓硬幣放進稻盛先生手上的頭陀袋裡，然後靜靜地合起雙手。雖然她看起來不像是過著富裕生活的人，但喜捨時毫不猶豫，也沒有絲毫得意的表情。她喜捨了五百圓後，再度走回公園掃地。她當然不知道眼前的修行僧就是赫赫有名的經營者。

稻盛先生說，他覺得自己在那一刻見識了人類本質的美好。對那個婦人來說，那五百圓應該很重要。也許是她隔天的午餐錢，但她還是合起雙手，把五百圓放進了頭陀袋。一個身穿高級西裝的男人無視地走過，稻盛先生站在街頭，那五百圓令他永生難忘。

每個人生活在社會上都會偽裝自己，我們生活在一個注重表面的社會中。整天打腫臉充胖子，終究會疲憊不堪。**為了避免因為太疲憊而迷失了自己，我們必須有一個能夠讓自己的內心坦誠的空間，可以是面對知心的朋友時，也可以是和溫暖的家人在一起的時候。**

那個喜捨了五百圓給稻盛先生的老婦人，也許她在眼前的修行僧身上，發現了能夠讓自己坦誠的空間。

第7章

【想要獲得認同癖】

任何地方都可以成為心靈的歸宿

不要被結果束縛

在日常的工作中，每個人都很希望自己的工作受到肯定。我做了這麼多工作，應該受到肯定。任何人都會有這種想法。人是受到他人認同和稱讚後，會感到喜悅的動物。無論再小的事，任何人受到稱讚都不可能不高興。也就是說，**每個人內心都有想要獲得認同的欲求**。

但是，**最重要的是，不要只注重結果**。不要為了想得到認同而被結果束縛，用盡各種手段，只求有好結果，否則，只會造成自己的痛苦。因為不可能一直都有好結果，如果因為有好結果，就想要受到肯定，反過來說，如果沒有好結果，不受肯定也沒關係嗎？無論再怎麼努力，有時候還是無法得到理想的結果。這種時候，完全不肯定也沒關係嗎？在漫長的工作歲月中，能夠有好結果的工作應該少之又少。比方說，十項工作中，有六項的結果不好也不壞，有三項是壞結果，只有一個有理想的結果，能夠因此獲得高度肯定。如此一想，就會發現受到肯定的次數很少。如果被結果束縛，就等於一直在意壞的結果。

禪的世界向來不考慮結果，完全不考慮自己目前所做的事會有什麼結果。把心放空，專心集中在眼前的事上。不去想要做出好結果，也不害怕萬一有壞結果該怎麼辦。帶著這樣的心情做眼前的事，別人自然會做出評價。俗話說，「**結果自然會出現**」，事實就是如此。也就是說，自己不需要從一開始就追求結果，事情完成之後，別人自然會做出評價。

黃鶯啼叫的聲音很優美。聽了讓人感到心曠神怡。但是，黃鶯並不是為了取悅人類而啼叫，只是努力做好啼叫的工作，結果讓人類樂在其中。在禪的說法中經常引用這件事，告訴我們不要被結果束縛。

遺憾的是，當今的世界都是結果論，企業更追求成果。認真投入工作的態度和努力並不會受到肯定，只看最後的成果。做出成果的人能夠升遷，無法做出成果的人就會被一腳踢開。對企業來說，創造利益當然很重要，但如果太注重結果，人心就會生病。事實上，現在有精神疾病的人越來越多。

在這樣的社會中，我們該如何生存？那就是**必須具備複數的評價基準軸**。在公司，有公司做出的評價，但這並不是人生的一切。回到家裡，有家人溫暖的評價。在工作以外的人際關係中，又有其他的評價。說白了，就是**除了公司以外，還必須有其他的容身之處**。

在公司的工作常常不順利，無法受到認同，但在釣友中，經常受到大家的稱讚，回到家裡，孩子也會說：「爸爸，你好厲害。」當我們有不同的容身之處，就可以得到心理的平衡。

「這根本是逃避。」也許有人會這麼說。沒錯，就是逃避。但是，**每個人都需要有避風港。當心靈疲憊的時候，需要有可以讓自己躲避的地方；在疲憊的時候，需要有可以歇腳休息的地方。有這樣的心靈避風港，明天才能夠繼續努力**。有可以逃避的避風港完全不可恥，而是每個人都需要這樣的場所。

那些只在意公司的評價，為自己沒有受到肯定而煩惱的人，一定沒有自己的心靈避風港，認為自己不需要這樣的場所。這種人也許很堅強，也隨時希望自己是一個堅強的人，覺得說洩氣話很可恥。但其實人類並不堅強，有很多脆弱、沒出息和丟臉的地方，沒有任何人能夠正面接受別人給自己的所有評價。

有時候必須閃躲，有時候必須無視，這是在當今這個成果主義的社會生存的訣竅。

◎持續努力

「成功」和「失敗」。一旦成功，就會受到肯定，也會對自己有正面幫助；一旦失敗，就無法受到肯定，會對自己有負面影響。我們很容易陷入這種二選一的思考。其實**成功或失敗並沒有正負之分，重要的是如何面對這些成功和失敗**。

當工作順利，獲得成功後，首先要感謝周遭的人。任何一項工作都不可能靠自己一個人的力量獲得成功，即使自己站在第一線，也一定有人在背後支持。有時候也可能是因為好運或美好的緣分，要對所有這一切都充滿感謝。只有這樣，成功才能對自己有正面幫助。

相反地，不要因為失敗就陷入沮喪。失敗的時候不要沮喪，而是要尋找失敗的原因，避免再度犯下相同的失敗。**當從失敗中有所收穫時，就能夠把失敗轉為正面的幫忙。不需要每次失敗就陷入沮喪，這個世界上沒有人從來不失敗，人生過程中，失敗總是多於成功。**如果有人說自己很少失敗，代表他只是選擇了不失敗的路，但在不失敗的路上並沒有成功的種子，所以這等於阻礙了自己的成長。

但是，無論成功還是失敗，都必須有淚水。有淚水是什麼意思？無論是怎樣的結果，都會情不自禁地流下眼淚。**成功時，流下喜悅的眼淚；失敗時，流下不甘心的淚。面對持續努力的結果流下淚水，才能夠讓人生變得更豐富。**

有時候，即使自己不需要太努力，也會因為形勢獲得成功。有時候也會因為幸運或是周圍人的幫助獲得了成功。但是，面對這樣的成功無法流下眼淚。失敗也一樣，如果沒有付出多大的努力而失敗，就會覺得這也是無可奈何的事。只有持續努力後的失敗或成功，才能夠對人生有正面的幫助。無法落淚的成功和失敗都無法成為人生的糧食。

不要追求結果，也不要太在意他人的評價，只要持續努力。這種專注的身影會讓別人想要伸出援手，想要助一臂之力。相反地，有些人自己不努力，一味尋求他人的協助。一旦失敗，就責怪他人。別人不可能認同這樣的生活方式。

我在前面提到，目前是成果主義的社會，是一個無法肯定努力過程的社會。但是，我仍然相信，**只要付出看到結果會流淚的持續努力，這種努力一定會受到評價，一定有人看到這種努力**。結果固然重要，但絕對不是唯一重要的東西。人無法生活在只講究結果的世界，而且，某個評價也不是人生的一切。因為我們每個人都是用「心」在生活。

擔心自己變成透明人

最近有很多人利用 Facebook 等社群網站和大家分享自己的日常生活，「今天午餐吃了這些食物」、「我今天來滑雪」，透過電腦逐一分享自己的行程。朋友看到這些動態之後就會按「讚」，「讚」數越多，就會越感到滿足。雖然我很難理解這些行為，但我相信這種行為是為了讓朋友認同自己，希望別人對自己產生興趣。

如果目前這種風氣盛行，我相信是因為很多人覺得自己缺乏存在感。自己在社會上越來越沒有存在感，沒有人注意自己，希望自己能夠得到更多關注，希望有更多人瞭解自己、認同自己。

每個人都希望自己能夠得到社會的認同，希望別人知道自己在這裡。但是，觀察那些強烈希望得到他人認同的人，發現很多人都以自我為中心，一味希望「獲得認同」，卻完全沒有想到要認同他人，完全是單向的思考方式。這種單向的思考無法讓雙方認同彼此的存在。對方認同自己，自己卻對對方毫無興趣；或是自己認同對方，對方卻無視自己，這種關係當然無法建立溝通。

如果有人「希望別人知道我在這裡」，那我想請教一下，「既然這樣，你是否知道身邊的人在那裡呢？」「你有沒有試圖瞭解你身邊的人在哪裡呢？」「你有沒有用溫柔的話語和身邊的人說話呢？」**如果希望別人瞭解自己，首先要努力瞭解對方；如果希望別人知道自己的存在，首先要努力瞭解對方的存在。**

而且，**能夠彼此瞭解、彼此認同的朋友並不需要很多**。比方說，今天吃了美味的午餐，如果想要和別人分享興奮的心情，可以回家和家人分享。如果一個人住，可以和心靈相通的朋友分享。對方一定會回覆有溫度的話語。「太好了，那我們下次一起去吃。」雖然只是簡單的一句話，但可以從這句話中發現溫暖的存在感。這種溫暖才能夠讓人產生「我不孤獨」的安心感。

從電腦螢幕中傳來的「讚！」中有溫暖嗎？如果有很多人按讚，當下的確會感到高興，但這種沒有溫度的話也會在轉眼之間在空氣中融化，言語偏離了原本的意義，只會讓人越來越寂寞。「讚！」數越多，背後的寂寞就更深。

人類本來就是孤獨的存在。任何人都是孤獨地來到世界，然後獨自離開人世。即使是親愛的家人，或是知心的朋友，也無法牽著手一起離開人世。正因為每個人都很孤獨，所以才希望和他人之間建立溫暖的關係。**正因為知道每個**

人都是孤獨的存在，所以才會相互關心。正因為知道每個人都很孤獨，所以才會善待他人。

寂寞的感情和孤獨不一樣。孤獨並不等於寂寞。如果說，孤獨是人類與生俱來的，那寂寞就像是自己身處的狀況。想要得到別人溫柔的對待，卻沒有人溫柔地對待自己；希望別人知道自己的存在，但周遭的人卻完全沒有發現；想要別人瞭解自己的心情，卻沒有人可以傾訴。大部分的寂寞都是在這種狀況下產生的。寂寞和孤獨不一樣，可以靠自己的行動改變。

如果想要消除自己的寂寞，就要先消除對方的寂寞；想要對方聽自己說話，就要先傾聽對方說話；想要別人對自己溫柔，就要先對別人溫柔。整天想著「希望別人更瞭解我」的人，也許並沒有發現，每個人都很孤獨。他們沒有面對孤獨，只看到自己身處的狀況而嘆息，覺得世界上有這麼多人，為什麼沒有人在意自己。這是理所當然的。因為不管身邊有幾十個人，或是幾百個人，每個人都很孤獨。首先必須正視這件事，然後主動創造孤獨的人能夠相互扶持的狀況。

有一個很簡單的方法。首先，**面帶笑容地向對方打招呼**，而且要大聲打招呼。**只要面帶笑容地說「早安」，就可以神奇地改變眼前的狀況**。這個簡單的行為可以讓彼此走出孤獨，建立關係。當和別人建立關係之後，就要相互傾聽。重點不是在於「說話」，而是要建立「相互傾聽」的關係。在表達「我這麼認為」之前，先問對方：「你怎麼認為？」

「觀音」是佛教的菩薩，正式名稱為觀音菩薩或觀世音菩薩。自古以來，民眾都很信仰觀音菩薩，也是最受歡迎的菩薩之一。當生活中遇到瓶頸，或是內心有煩惱時，許多人都會去拜觀音菩薩。「觀音菩薩」會默默「觀察」眾生的痛苦和悲傷，以及內心世界，而且會傾聽我們無聲的聲音，會傾聽我們內心的聲「音」，所以才叫「觀音菩薩」。

在希望獲得認同，希望別人看自己之前，首先自己要心有觀世音菩薩，傾聽對方說話，傾聽對方的心聲。不需要給對方提出建議，只要想著對方的心，接受對方的存在。只要努力做到這一點，自己的存在就會變得更明確。首先要敞開自己的心胸，才能避免在社會上成為透明人。

◎任何地方都可以成為心靈的歸宿

我在前面提到，**彼此瞭解、彼此認同的朋友不需多，只要一兩個就好**。因為這個世界上不可能有很多人瞭解自己。比方說，失去親人的悲傷，只有曾經有過相同經驗的人才知道。否則，即使能夠想像，也無法發自內心地瞭解這種悲傷。這不是任何人的過錯，而是理所當然的事。

如果自己有什麼痛苦和悲傷，就要尋找相同的人，建立彼此的緣分。雖然這個世界上有多少人，就有多少悲傷，即使有不同的悲傷，也會有很多交集。**有時候和擁有相同痛苦的人說話，內心就可以得到療癒**。有一句話叫做「**同病相憐**」，雖然這個成語經常用在負面的意思，但我認為這個成語很不錯。說出自己內心負面的部分固然有點丟臉，但人類並不堅強，無法獨自承受。有時候必須吐苦水，相互安慰，讓內心得到療癒。要有可以訴苦的場所，只要有一個就足夠了，有這樣的場所很重要。

說到「自己的歸宿」，通常會想到家庭、社區或是任職的公司，這些的確是自己的「歸宿」，但對於這些「歸宿」也不要有執著。**任何地方都可以成為「心靈的歸宿」**。比方說，可以和朋友聊一些無法對家人說的事，或是在興趣愛好的團體中，表現出和在公司時不同的一面。進一步說，自己並不只屬於公司，也並不只屬於家庭，要讓心更加自由，找到自己的歸宿。

覺**得「自己越來越沒有存在感」的人，往往都侷限在一個地方**。因為沒有得到公司的肯定，所以覺得自己很糟糕；因為沒有朋友，所以很寂寞。**正因為太在意某一個地方，才會把自己逼入絕境**。更何況只要在那裡，就有存在感。

只要你在那裡，你就確確實實在那裡。每個人都真真切切地「在那裡」。

同時，必須瞭解一件事，**人和人之間，不可能百分之百完全瞭解**。無論是結婚多年的夫妻，還是老同學，都不可能完全瞭解彼此。有人說：「我希望別人百分之百瞭解我」，我很想問這種人：「你百分之百瞭解自己嗎？」我們往往以為很瞭解自己，其實根本不瞭解。即使以為自己是這樣，在別人眼中卻完全是另一個樣，或是有時候會發現意想不到的自己。我們甚至不瞭解自己，別人怎麼可能瞭解。如果能夠瞭解一半就該謝天謝地了，不妨認為別人瞭解自己百分之三十就足夠了。

不要追求存在感，也沒這個必要。因為**此時此刻，你真真切切地在那裡**。

彼此攜手共生

有一句禪語叫做「**把手共行**」，這句話告訴我們**彼此攜手共同生活的重要性**。原本的意思是要和內心另一個自己攜手共行，但在現代社會，擁有可以無話不說的知心朋友也很重要，在痛苦和悲傷時，能夠相互撫慰，繼續邁向人生。**不要獨自悲傷，在人生路上，要有同甘共苦的朋友**。雖然每個人都很孤獨，但正因為孤獨，所以必須建立溫暖的關係。

但是，建立這樣的關係需要時間的累積。即使第一次見面時情投意合，也無法立刻建立這樣的關係。在認識初期，彼此只能建立表面的關係，這也是無可奈何的事。需要經過一段時間，才能夠成為發自內心信任的關係。在彼此體會相同的經驗，或是經歷同樣痛苦的過程中，才能漸漸建立牢固的關係。

但是，現代是一個急於求結果的時代。不光是工作，在人際關係上也急於求結果。也就是說，在認識之後，就立刻在自己的內心判斷和這個人是否合得來，和這個人是否能夠心意相通。即使是因為難得的緣分而相識的人，也會立刻進行篩選，只看表面，不試圖瞭解對方的內心。

喜歡或是討厭這個人。和這個人交往，對自己有沒有好處，或是有沒有壞處。這個人能為自己做什麼？能夠對自己有什麼幫助？如果總是用這種二選一的思考方式判斷對方，從這種角度看對方，絕對不可能建立溫暖的人際關係。

為什麼會這樣？我相信是因為我們身處一個競爭的社會。即使我們不和他人比較，周圍的人也會和我們比較。即使自己不想競爭，也會被迫參與競爭。在當今的社會，一切都要分優劣，一切都有排名。我們很難靠自己的力量擺脫這樣的社會，但是，身處這樣的競爭社會，我們可以改變看事情的方法和思考方式。

有一句成語叫「**切磋琢磨**」，雖然表面上是相互競爭的意思，但我認為這和單純的競爭有本質上的不同。

成為僧侶之前的修行時期很嚴格，要有相當的心理準備和堅強的毅力才有辦法忍受。我回想起自己修行僧的時代，也忍不住佩服自己能夠忍受這麼嚴格的修行。為什麼能夠忍受這麼嚴酷的修行？這是因為有一起修行的同伴。在即將放棄，覺得自己再也撐不下去時，彼此會相互激勵：「**我也覺得很苦，也很想逃離這裡，但我們再努力一天。**」當自己失去動力時，同伴的這句話帶來了可以繼續走下去的力量。**因為大家相互支持，才能夠忍受嚴酷的修行**。

但這並不是共有脆弱的心情才建立了感情，也並不是互舔脆弱的傷口，而是彼此「切磋琢磨」。自己要努力，不能輸給大家。這不是競爭，而是相互磨練之道。

比方說，曾經發生過這樣一件事。同一天開始修行的同伴稱為同日安居，在拜師之後，就要一起行動。同日安居的僧侶編成一組，一起學習各種禮儀或吃飯的禮儀。比方說，在學習吃飯的禮儀時，所有人的行動必須一致，要以相同的節奏，相同的速度吃飯。但是，有的人遲遲學不會這些禮儀。雖然很努力，但還是無法像大家一樣記住。因為每個人都有各自擅長或不擅長的事。

有一次，和尚對遲遲學不會吃飯禮儀的修行僧說：「你要多努力。」但和尚只是提醒這個修行僧，從來沒有斥責他。和尚斥責的是其他同日安居的人。除了那個修行僧以外，其他人都已經學好了吃飯的禮儀，也能夠順利地吃完飯。然而，和尚把這些已經學會的人找來，狠狠斥責他們。和尚對那些人說：

「你們的確已經學會了，我稱讚你們的努力，但是，你們的同伴還沒有學會，你們為什麼不管他？難道你們覺得只要自己學會就夠了嗎？」

和尚藉此告訴那些修行僧，誰優秀，誰不優秀；誰是第一名，誰是最後一名並不重要，不能用這種標準來看事物。**如何才能夠讓大家都變得優秀？如何才能讓大家一起變成第一名？切磋琢磨就是思考這些問題。**

◎周遭的人並不是你的敵人

現實社會是一個充滿競爭的社會，也出現了「人生勝利組」和「魯蛇」之類的名詞。只要贏就好。只要自己能夠得第一，根本不管別人怎麼樣。如果有這樣的價值觀，絕對不可能幸福。為了自己能夠勝利，不惜扯同伴的後腿，為了獲勝不擇手段，而且完全不看那些落敗的人一眼。帶著這種充滿殺氣的心，根本不可能和別人建立「把手共行」的關係。進一步說，競爭社會是不認同彼此的社會。即使認同表面的結果，也不會認同做出結果的人。我們需要的不是這種冷漠的競爭，而是溫暖的切磋琢磨。

必須牢記，你周遭的人並非只是競爭對手，也不是你的敵人，既不比你出色，也不比你遜色，而是攜手共生的道友。請用這種態度看周圍的人，而且不要著急，努力和周圍這些人交心。你的溫柔眼神一定會回到你身上，當你認同別人，對方也會認同你。人類就是這樣的動物。

認同一個人，到底要認同什麼？可以肯定對方的工作，這是一種認同。**認同對方的可能性，這也是一種認同。但是，最重要的是溫柔地守護對方**。

Panasonic 的創辦人松下幸之助先生是全世界赫赫有名的經營者，帶領世界各地數十萬名員工。他的外表看起來很慈祥溫和，但聽說在工作上很嚴格，尤其是他的直屬下屬，經常被松下先生罵得渾身發抖。其實他的直屬下屬都是公司內的董事或局長級的人物。

松下先生曾經指導下屬訓斥的方法。

「對於一再犯下相同的錯誤，沒有努力去做好一件事的員工，可以嚴厲加以斥責，要發自內心地斥責。但是，無論再怎麼嚴厲地斥責，都要帶有溫情。」

這番很有松下幸之助特色的溫暖話語太出色了。對於對方有錯的部分要嚴厲追究，也要徹底追究錯誤，這是工作上應有的態度。但是，在嚴厲之外，還必須發揮溫柔，絕對不可以傷害對方的人格。這應該是松下先生的信念。

我相信松下先生努力站在和所有員工相同的立場，相互切磋琢磨。不在意地位，而是以普通人的身分和員工相互交流。認同每一個員工，不放棄任何一個人。正因為他致力做到這一點，才能夠將 Panasonic 發展為世界級的企業。

要努力攜手共生，不要相互扯後腿，而是要相互扶持。正因為當今的社會讓人很難有這種想法，所以更不能輕易忘記。在無法彼此認同的社會，找不到幸福的種子。

後記

六年後的二〇二〇年將舉辦東京奧運。半個多世紀前，東京也曾經在一九六四年舉辦奧運，成功地讓世界知道了日本的經濟發展。在那個時代，日本全國都很繁榮，物質豐富，日本人自豪地向世界展現這一切。

經過半個世紀，二〇二〇年將再度舉辦的東京奧運，我們要向世界發出什麼訊息？所有人都已經知道，日本是經濟大國，也知道日本引領著世界經濟，但我們還是必須向下一個世代傳達訊息。

我認為佛教所說的「中道」精神，就是我們必須傳達的訊息之一。中道就是中間的意思，和歐美社會所重視的二選一完全不同。善還是惡，成功還是失敗，發展還是衰退，勝利還是敗北。世界上蔓延著這種思考方式，必須意識到凡事不妄下結論的重要性，要有願意接受兩者的寬容，避免毫無意義的競爭，接納彼此。自古以來，日本人的心具備了這種精神。

其實這就是含混不清、幽暗不明的「曖昧」。自古以來，日本人具備了「曖昧」的審美感，選擇不要彼此傷害。我很希望日本的這種美好的「曖昧」精神可以傳達給世界各地的人。也許歐美人覺得黑白不分明的日本人很奇怪，也許會說日本人沒有自己的意見，但事實並非如此，而是日本人具備了「我們願意接受兩者」的明確信念。

在申辦東京奧運時，「款待」的日文受到了矚目。我認為「款待」正是美好「曖昧」的真髓。比方說，請客人喝茶。十月一日之前，都會請客人喝冰的茶，但十月一日之後，就會準備熱茶。九月三十日和十月一日，分別提供不同的服務。這是重視制度的服務，所有的店家都採用這個制度。但是，「款待」和「服務」不一樣。十月之後，有些日子的氣溫仍然很高，有時候已經十一月了，仍然會熱得讓人流汗。即使是十一月，客人有時候也想喝冰的茶。相反地，即使在盛夏季節，也有人想喝熱茶。必須考慮到客人的身體狀況進行「款待」，這才是日本人的「體貼」之心。曖昧就是考慮到對方和實際的狀況，不要死守規定，要用心看對方。

希望奧運能夠讓世界各國的人瞭解日本人內心具備的這種美好。可以讓外國人看富士山，也可以讓他們享受日本的美食，但是，除了這些表面的事物以外，更要讓他們感受日本的心，讓他們知道，日本人在Yes和No之間，還有「另一個答案」，這「另一個答案」或許有助於世界走向和平。

本書中也提到了「放手」的重要性。不要一味想要得到，必須讓全世界傳達捨棄、放手的重要性。我希望二〇二〇的東京奧運能夠發揮這樣的作用。

合掌。

平成二十六年二月吉日

於建功寺斗居

枡野俊明

你所不安的事，有九成都可以消除

你所不安的事,有九成都可以消除 / 枡野俊明作 ; 王蘊潔譯. – 初版. – 臺北市 : 春天出版國際, 2018.03
面 ; 公分. – (Better ; 13)
譯自 : 不安の9割は消せる方
ISBN 978-957-9609-22-7(平裝)

1.禪宗 2.佛教說法 3.佛教修持

226.65 107001925

不安の9割は消せる

Better 13

作　　者◎枡野俊明
譯　　者◎王蘊潔
總 編 輯◎莊宜勳
主　　編◎鍾靈
出 版 者◎春天出版國際文化有限公司
地　　址◎台北市忠孝東路4段303號4樓之1
電　　話◎02-7733-4070
傳　　真◎02-7733-4069
E－mail◎frank.spring@msa.hinet.net
網　　址◎http://www.bookspring.com.tw
部 落 格◎http://blog.pixnet.net/bookspring
郵政帳號◎19705538
戶　　名◎春天出版國際文化有限公司
法律顧問◎蕭顯忠律師事務所
出版日期◎二〇一八年三月初版
　　　　　二〇二四年八月初版十四刷
定　　價◎280元

總 經 銷◎楨德圖書事業有限公司
地　　址◎新北市新店區中興路2段196號8樓
電　　話◎02-8919-3186
傳　　真◎02-8914-5524
香港總代理◎一代匯集
地　　址◎九龍旺角塘尾道64號 龍駒企業大廈10 B&D室
電　　話◎852-2783-8102
傳　　真◎852-2396-0050

ISBN 978-957-9609-22-7